STAN LEE PRESENTA...

LA IMBATIBLE CHICA ARDILLA

PODER ARDILLA

LA IMBATIBLE
CHICA ARDILLA

marvel.com
© 2015 Marvel

100% MARVEL. LA IMBATIBLE CHICA ARDILLA Nº 1
De *The Inbeatable Squirrel Girl* nºs 1-8 (marzo - octubre de 2015).
Una publicación de Panini España, S.A. Redacción y administración: C/Vallespí, 20. 17257-Torroella de Montgrí (Girona). Telf.: 972 757 411. www.paninicomics.es. MARVEL, all related characters and their distinctive likenesses thereof are trademarks of Marvel Entertaiment, LLC and its subsidiaries, and are used with permission. TM & © 2015, 2016 MARVEL. Licensed by Marvel Characters B.V. www.marvel. com. All rights reserved. Edición española por Panini España S.A. bajo la licencia de Marvel Characters B.V.Todos los derechos reservados. Queda expresamente prohibida la reproducción total o parcial de los textos e ilustraciones incluidos en este libro. Depósito Legal: DL GI 1812-2015. ISBN:978-84-9094-487-5. (SHMMA223). Distribución: SD Distribuciones. C/Montsià, 9-11. 08130-Santa Perpètua de Mogoda. Telf.: 933 001 022. Realización: Forja Digital. Traducción: Joan Josep Mussarra. Impresión: Comgràfic. Impreso en españa/Printed in Spain.

Director de publicaciones: **JOSÉ LUIS CÓRDOBA**. Director editorial de cómics: **ALEJANDRO M. VITURTIA**. Product manager: **PONÇ CUFINYÀ**. Editor Marvel: **JULIÁN M. CLEMENTE**. Responsable de producción: **JORDI GUINART**.

GRUPO PANINI
Presidente del Consejo de Administración: **ALDO H. SALLUSTRO**. Director de publishing europeo: **MARCO M. LUPOI**. Licencias: **ANNALISA CALIFANO** y **BEATRICE DOTI** Coordinación editorial: **LEONARDO RAVEGGI**. Director de arte: **MARIO CORTICELLI**. Preimpresión: **ALESSANDRO NALLI**.

¡UNA ARDILLA EN MALLAS!

A estas alturas no debería sorprender a nadie el afirmar que el **Universo Marvel** está poblado de personajes de todo tipo, condición y, sí, pelaje. Este último es el caso de la heroína que hoy nos ocupa. De la mano de nada menos que **Steve Ditko**, con la ayuda en el guión de **Will Murray**, en *Marvel Super-Heroes* vol. 2, #8 USA (1992) se nos presentaba a esta peculiar adolescente, que asaltaba a **Iron Man** en su paso por un bosque para tratar de convencerle de que la tomara como ayudante. Entre sus poderes mutantes figuraban una gran agilidad, sus incisivos, que le permitían roer madera, y su cola, que tenía que esconder en sus vaqueros en su identidad civil, además de la capacidad de comunicarse con las ardillas. Es decir, que efectivamente podía hacer todo lo que hace una ardilla. A esto había que añadir unas garras que salían del antebrazo de su traje. Esta peculiar presentación se veía interrumpida por la aparición del **Dr. Muerte**, al que la aspirante a heroína lograba derrotar gracias a su ejército de ardillas. A pesar del buen trabajo realizado, **Iron Man** le pedía que esperara unos años antes de dedicarse a combatir el crimen, que antes terminara su educación. Esto no le convenció mucho, porque todos en el colegio la llamaban «roedor» y además no se veía en un grupo con tanta gente como **Los Vengadores**, por lo que al final acababa despidiéndose de **Iron Man** diciendo que seguiría buscando a alguien que le sirviera de mentor.

Nada más se supo de ella en más de una década, hasta que **Dan Slott**, mucho antes de poder acercarse a las historias de **Spiderman**, recuperó a la **Chica Ardilla** para integrarla en la formación de **Los Vengadores de los Grandes Lagos** en *GLA* #1 USA (2005). Se trataba de un grupo de aspirantes a héroes con el sambenito de perdedores que creó **John Byrne** en su etapa al frente de la serie de **Los Vengadores Costa Oeste**, con la intención de parodiar el nombre de la **Justice League of America** de DC, algo que se puede ver en las siglas de su nombre en inglés, **Great Lakes Avengers**: JLA/GLA. El personaje encajó allí como un guante. Es más, fue en las filas de este grupo donde comenzó a surgir la leyenda de que era imbatible. Tras haber derrotado al **Dr. Muerte** en su historia de debut, en *GLX-Mas Special* One-Shot USA (2006) se narraban sus enfrentamientos contra **MODOK**, **Terrax** y **Thanos**, a los que derrotaba. Hasta el **Vigilante** aparecía para certificar que, en efecto, se trataba del verdadero **Thanos** y no un clon, un robot o un impostor. Con esto quedaba claro que no importaba el nivel de la amenaza, a pesar de sus aparentemente escasos poderes, la **Chica Ardilla** podría con ella.

Tras dejar las filas de este peculiar grupo en *Age of Heroes* #3 USA (2010), la heroína roedora volvió a escapar de los focos hasta que **Brian Michael Bendis** la recuperó en *The New Avengers* vol. 2, #7 USA (2011. *Marvel Deluxe. Los Nuevos Vengadores* nº 14) de la forma más inesperada. Tras muchas entrevistas, aspirantes y deliberaciones, **Luke Cage** y **Jessica Jones** decidían que **Doreen Green**, la **Chica Ardilla**, era la mejor candidata para el puesto de niñera de su hija, **Danielle**. Esto duraría hasta el maremágnum que supuso la renovación de **Los Héroes Más Poderosos de La Tierra** durante *Marvel Now!*, cuando el personaje caería brevemente en el olvido para resurgir en su propio título, algo que sorprendió a muchos.

Al frente de los guiones de la serie se encuentra **Ryan North**, que había hecho algunos trabajos en **Boom! Studios** e **IDW** antes de encargarse de la historia principal de *Original Sins*, protagonizada por los **Jóvenes Vengadores**. Del dibujo se encarga **Erica Henderson**, que, antes de trabajar también en *Original Sins*, había dibujado para **Red 5 Comics**, **Iron Circus Comics** o **Archie Comics**. En concreto, su estilo de dibujo se asemeja al de los personajes típicos de esta última editorial, adaptándolo a los tiempos modernos, aunque con un estilo un tanto feísta para los rostros.

"Ha estado por todas partes, en lo que a poderes se fiere", dice **North** con respecto a los antagonistas con los que se va a encontrar. "La veo como alguien dispuesta a ayudar a la gente y que no se va a preocupar si el que los está molestando es de serie A o de serie C", explica, "esa es la razón por la que sus victorias han sido contra gente de todo tipo. Además", añade, "me encantan los villanos geniales que **Marvel** tiene en cartera, que están 'esperando' a que la **Chica Ardilla** los derrote".

Uno de los elementos que aparecen en la serie es una especie de tarjetas coleccionables elaboradas por **Masacre** que la **Chica Ardilla** usa para identificar a los villanos. "¡Las cartas de **Masacre** de **Doreen** se originaron en realidad en *GLX-Mas Special* One-Shot USA de 2005!", confiesa **North**. "**Dan Slott** le dio sus 'Iron Man Vs Series Battle Cards' y fue como 'Dan, voy a robarte esa idea porque es brillante'. Aunque las cambié a **Masacre** porque, sin ánimo de ofender a **Iron Man**, **Masacre** parecía más divertido", admite, "y estoy realmente convencido de la idea de que está publicando por sí mismo estas tarjetas en alguna parte", afirma. "Solo después de que empecé a escribir me di cuenta de lo bien que funcionaban las tarjetas desde una perspectiva narrativa: ¡puedes darle al lector el trasfondo del personaje de esta forma tan divertida y graciosa y luego seguir con la historia!", exclama. "Mucho mejor que tener gente apareciendo y diciendo 'Doreen, como ya sabes, cuando me transformé en un hipopótamo humano, mi vida cambió de las siguientes formas', ¿no crees?", dice. "Yo recomiendo a todos los autores de **Marvel** que les den a sus personajes tarjetas de **Masacre**. Nada puede ir mal", bromea.

Con respecto a su compañera en la colección, **North** no tiene más que alabanzas. "**Erica** es la mejor", afirma. "Tiene un ojo genial para el detalle y para la caracterización". El guionista pone el siguiente ejemplo: "En el sexto número **Hipo** lleva una camiseta del tipo 'Estoy con un estúpido' con la palabra 'SKRULL'", dice. "Se imaginó que sería el tipo de persona que compraría en una tienda de segunda mano y que ese tipo de camiseta con un gag desfasado sería lo que encontrarías en una tienda de segunda mano del **Universo Marvel**", explica. "Y funciona", continúa, "¡Claro que compraría allí! ¡Por supuesto que esa camiseta sería lo único que habría de su talla!", exclama. "Así que es un trasfondo completamente razonado y lógico de por qué un personaje va vestido de la forma en que lo hace y es genial", concluye.

A continuación tienes al completo la primera colección protagonizada por **Doreen** en solitario. Si no te gustan, ¡ni se te ocurra decírselo! Recuerda que es la **Chica Ardilla** y podría patearte el culo.

Bruno Orive

The Unbeatable Squirrel Girl #1 USA

Y NO TE OLVIDES DE QUE HOY EMPIEZO TAMBIÉN CON MI IDENTIDAD SECRETA, ASÍ QUE EL HECHO DE QUE DOREEN GREEN SEA LA *CHICA ARDILLA* ES INFORMACIÓN PRIVILEGIADA A PARTIR DE... AHORA MISMO.

AÚN NO *ENTIENDO* QUÉ FALTA TE HACE.

¡MIS *ENEMIGOS* PODRÍAN ATACAR A MIS SERES QUERIDOS, P.!

¿DE QUÉ ENEMIGOS ME *HABLAS*? ¡ERES LA *IMBATIBLE* CHICA ARDILLA! ¿A QUIÉN LE VAS A CAER MAL?

¡NO *SÉ*!

ALGÚN *IMBÉCIL* HABRÁ.

¿SEGURO QUE NO QUIERES QUE EL *EJÉRCITO ARDILLA* TE LAS LLEVE?

SEGURO, PATITAS, PERO GRACIAS DE TODOS MODOS. TENGO UNA IDENTIDAD *SECRETA*, ¿RECUERDAS? SOY DOREEN GREEN, UNA ESTUDIANTE UNIVERSITARIA TOTAL- MENTE NORMAL.

¿QUE RESULTA QUE TIENE *COLA*?

¡NO! QUE SABE *ESCONDER* LA COLA BAJO LOS PANTALONES...

...Y QUE CUANDO VA DE CIVIL TIENE UN CULO VISIBLEMENTE GRANDE Y *VISIBLEMENTE* IMPONENTE.

VENGA, PATITAS.

PONGÁ- MONOS EN MARCHA.

NO SALEN EN LA IMAGEN: UNAS CAJITAS CON ETIQUETAS TALES COMO "FURGONETAS MINIATURA DEL HOMBRE HORMIGA", "LOS FLANES DE LA TÍA DEL HOMBRE HORMIGA" Y "TRAJES DESECHADOS POR EL HOMBRE HORMIGA (NO ERAN DE MARCA)", ETC.

LO QUE TODAVÍA NO ENTIENDO ES POR QUÉ VAS A LA UNIVERSIDAD, **DOREEN**. ¡EN MI FAMILIA NADIE HA IDO A LA UNIVERSIDAD Y TODOS HAN SALIDO ESTUPENDOS! ¡TODOS SE HAN INDEPENDIZADO Y VIVEN EN SU PROPIO ÁRBOL!

PUES SÍ, PARECE QUE HAN SALIDO ESTUPENDOS. PERO QUIERO SER TODO LO **MEJOR** QUE PUEDA SER, Y HACER DE SUPERHÉROE NO CONSISTE ÚNICAMENTE EN PEGAR FUERTE, ¿ENTIENDES? QUIERO AYUDAR A LA GENTE. ¡Y ESO SIGNIFICA QUE TENDRÉ QUE IR A LA UNIVERSIDAD EMPIRE STATE PARA FORMARME!

¿Y QUÉ SE TIENE QUE ESTUDIAR PARA TRABAJAR COMO SUPERHÉROE? ¿**CINE-SIOLOGÍA** HUMANA? ¿DETECCIÓN... HUMANA?

¿DE... DE **CRÍMENES**?

NO. **ALGO MEJOR.**

INFOR-MÁTICA.

¡¿QUÉ?!

¿LOGRAS ENTRAR EN LA UNIVERSIDAD Y NO VAS A **ESTUDIAR** A LAS ARDILLAS?

PATITAS, LA EDUCACIÓN SUPERIOR SIRVE PARA AVANZAR EN EL CONOCIMIENTO, Y YO YA LO SÉ LITERALMENTE TODO SOBRE LAS ARDILLAS. SOY LA CHICA ARDILLA. NO SOY LA CHICA CREADORA DE CONSISTENCIA ENTRE BASES DE **DATOS** DISTRIBUIDAS.

ES DECIR...

AÚN **NO.**

¡SER **SUPERHÉROE** NO CONSISTE TAN SOLO EN SER EL MÁS FUERTE! ASÍ, POR EJEMPLO, PUEDES SER EL MÁS RÁPIDO, O TENER EL PODER DE RESPIRAR EN EL ESPACIO COMO SI FUERA FÁCIL.

SEPAMOS: "MIAU" HA TOMADO SU NOMBRE DE "MIAUNIR", QUE ES COMO SE LLAMA EL MARTILLO DEL GATO THOR. SEPAMOS TAMBIÉN: THOR EL FELINO ES UN PERSONAJE DE UNA NOVELA FANFIC DE NANCY TITULADA "EL GATO THOR: DIOS GATO DEL TRUENO GATUNO".

SEPAMOS: KRAVEN EL CAZADOR SE ESTABA FORMANDO COMO PERSONAL DE ADMINISTRACIÓN Y SERVICIOS DE LA UNIVERSIDAD CUANDO SE MARCHÓ DE SAFARI AQUEL FIN DE SEMANA. ¡BUENO, SÍ, SÍ QUE PUEDE SER!

SLAM

MUY BIEN: HE TARDADO *VEINTE* SEGUNDOS EN CAMBIARME, POR LO QUE TODAVÍA DEBE DE ESTAR EN EL CAMPUS.

¡AÚN ME QUEDA *TIEMPO*!

VENGA, VAMOS, SÉ QUE TE OCULTAS EN *ALGÚN* LUGAR...

¡AJÁ!

LA GUÍA DE SUPERVILLANOS DE MASACRE

TARJETA 15 DE 4522

KRAVEN EL CAZADOR

- ARISTÓCRATA RUSO AFICIONADO A LA CAZA MAYOR
- DICE QUE ES EL MEJOR CAZADOR DEL MUNDO, Y BUENO, LA VERDAD ES QUE SÍ, LO ES
- CREO QUE LE ENCANTA CAZAR SPIDERMANES
- ¿MURIÓ? NO PASA NADA, YA HA RESUCITADO
- ¿¿ESE CHALECO IMITA DE VERDAD EL ROSTRO DE UN LEÓN??
- ¿LOS LEONES SE COMPORTAN IGUAL?

¡LLÁMALE KRAVY! ¡LE ENCANTA QUE LO LLAMEN ASÍ!

NO TENGO NADA CONTRA TI. QUÉDATE A UN LADO, Y VIVIRÁS PARA *CONTARLES* A TUS DESCENDIENTES QUE UN DÍA TE ENCONTRASTE CON KRAVEN EL GRANDE, EL CAZADOR.

¡CHIIIP CHIP CHOPP!

CÁLLATE. ¿AHORA TE DEDICAS A CAZAR ARDILLAS?

ESTA... "BESTIA", AUNQUE A DURAS PENAS SE MEREZCA ESE NOMBRE, ME HA ATACADO. LA HE *SOMETIDO*. NO ERA DIGNA DE MI ATENCIÓN.

EMPIEZO A PENSAR QUE NI SIQUIERA ES *DIGNA* DE VIVIR.

TAMBIÉN EXISTEN LAS TARJETAS DE LA "GUÍA OFICIAL NO OFICIAL DE SUPERHÉROES DE MASACRE", PERO EN EL 99% DE ELLAS SOLO APARECE EL PROPIO *MASACRE* MIRÁNDOSE AL ESPEJO Y REPITIENDO LO GUAPO QUE SE VE.

VISTA EN **RETROSPECTIVA**, GRAN PARTE DE LA CANCIÓN TRATA DE MIS AMIGOS, MI COMIDA FAVORITA Y LOS LUGARES DONDE ME GUSTA IR. ASÍ, EN RETROSPECTIVA, TODO SE VE MÁS CLARO, ¿EH?

The Unbeatable Squirrel Girl #2 USA

EL ESPACIO.

EN SUS **PROFUNDIDADES** SE HALLA EL MEDIO ESTELAR **INTERGALÁCTICO**: GAS, POLVO Y RAYOS CÓSMICOS.

EN LO MÁS **PROFUNDO** DEL MEDIO ESTELAR INTERGALÁCTICO SE HALLA LA **ESFERA ESTELAR**: UNA NAVE CONSTRUIDA CON LOS RESTOS DE TODO UN SISTEMA SOLAR.

Y DENTRO DE LA ESFERA ESTELAR SE **HALLA** SU COLOSAL, DIVINO CONSTRUCTOR, EL ÚNICO SUPERVIVIENTE DE UN UNIVERSO QUE EXISTIÓ ANTES DEL **BIG BANG**.

GALACTUS.

SEÑOR DEL **PODER CÓSMICO**. DEVORADOR DE VIDA. CONSUMIDOR DE MUNDOS ENTEROS. LO **ÚNICO** QUE DEJA A SU PASO ES MUERTE.

DE **TODOS** LOS PLANETAS DE TODAS LAS GALAXIAS DE TODO EL UNIVERSO, SE DIRIGE AL NUESTRO.

NADIE PUEDE DERROTARLO. NADIE TIENE NI LA MÁS MÍSERA **OPORTUNIDAD** DE DETENERLO...

¿¿PODRÍAMOS DECIR QUE SE LE ENCUENTRA EN... EL MEDIO ESTELAR INTERGALACTUS?? ¿AH, NO? BUENO, PUES VALE.

...SALVO -QUIZÁ- CIERTA MUCHACHA.

¡VENGA, *VAMOS!* VAMOS A LA PRESENTACIÓN. EL FOLLETO DE BIENVENIDA *DECÍA* QUE ERA OBLIGATORIA.

ESTAMOS EN LA UNIVERSIDAD, *DOREEN.* NADA SERÁ OBLIGATORIO SI NO QUEREMOS.

¡¡NANCY!! ¿DE VERDAD QUE QUIERES SALTARTE LAS *NORMAS* EL PRIMER DÍA DE CARRERA?

PUES SÍ, LA VERDAD, ME PARECE ESTUPENDO. ME *PARECE* QUE ESO ES LO QUE HARÍA UN *ESTUDIANTE* ESTUPENDO.

MIRA, COMO *QUIERAS,* PERO VAMOS IGUALMENTE. ¡ESTO NO ES SOLO UN PASEO POR EL *CAMPUS!* ¡SE ORGANIZARÁN CLUBES!

¿CLU-BES?

¡CLUBES, *NANCY!*

INTERACCIÓN SOCIAL CASUAL SEMIESTRUCTURADA. ASÍ SE HACEN AMIGOS. ¡¡VENGA, ME APUESTO LO QUE *QUIERAS* A QUE HABRÁ UN CLUB DE PUNTO DE AGUJA!!

¿*PUNTO DE AGUJA*? TENGO OTROS INTERESES.

¿COMO QUÉ? ¿COMO *MIAU?*

ENTRE MIS *VARIOS* OTROS INTERESES, QUE SON *MUCHOS* Y VARIADOS... SÍ, MIAU OCUPA UN *LUGAR* CENTRAL.

PUES. TE DIGO UNA COSA, SI NO HAY UN CLUB DE AMANTES DE LOS GATOS, PODEMOS *FUNDAR* UN CLUB MIAU, ¿VALE? PRIMERA NORMA: MIAU TIENE QUE *GUSTARTE.*

SÍ. Y LA *SEGUNDA* NORMA ES QUE EN TODAS LAS *REUNIONES* DEL CLUB TIENES QUE HABLAR DE LO *MUCHO* QUE TE GUSTA MIAU.

LAS CINCO NORMAS SIGUIENTES DEL CLUB MIAU SON QUE HAY QUE HABLARLE A TODO EL MUNDO DEL CLUB MIAU. NECESITAMOS SOCIOS DESESPERADAMENTE.

¿EH?

PATITAS... ¡¿QUÉ HACES?!

¡DOREEN! ¡¡ESTO ES *PEOR* DE LO QUE PEN-SÁBAMOS!!

¡ESA COSA DEL ESPACIO... SE ESTÁ ACERCANDO! ¡LAS ARDILLAS DE TODO EL *MUNDO* HAN IDO A LOS OBSERVATORIOS PARA *OBSERVARLA*!

¿Y?

¡¡Y ES LA *ESFERA ESTELAR*, DOREEN!!

LO DICES COMO SI *YO* SUPIERA LO QUE ES UNA ESFERA ESTELAR. TODAS LAS *ESTRELLAS* SON ESFERAS, ¿NO?

POR UNA LEY *FÍSICA*...

VENGA, *VENGA*, ¿DÓNDE TENÍAS LAS *TARJETAS*...?

¡¡AQUÍ?!

LA GUÍA DE SUPERVILLANOS DE MASACRE SUPERACCESORIOS

TARJETA 2 DE 1622

ESFERA ESTELAR

-ES LA NAVE DE GALACTUS, CUANDO GALACTUS NO SALE CON EL CACHIRULO ESE GIGANTE Y TAN FLIPANTE QUE PARECE UNA CINTA DE MOEBIUS.
-RECUERDA UN POCO A LA ESTRELLA DE LA MUERTE.
-LA VERDAD ES QUE YA PODRÍA HABERLO LLAMADO ESTRELLA DE LA MUERTE.
-SOLO UNA PERSONA TIENE PODER CÓSMICO SUFICIENTE PARA CONTROLAR ESA NAVE, Y ESA PERSONA ES... MASACRE.
-NO, LO DECÍA EN BROMA, OBVIAMENTE EL ÚNICO QUE LA CON-TROLA ES GALACTUS, EL DEVORADOR DE MUNDOS.
-SI SE DIRIGE HACIA VOSOTROS, MEJOR QUE HAGÁIS TESTAMEN-TO, SI ES POSIBLE A MI FAVOR, PORQUE PODÉIS DAROS POR UL-TRAMUERTOS CON UN 1000% DE PROBABILIDADES.

¿ESFERA ESTELAR? SERÍA MEJOR LLAMARLA *ESTERA* ESTELAR, ¿VER-DAD QUE SÍ? PERO, AHORA EN SERIO, VA A *DESTRUIR DEL TODO A TODO Y A TODOS LOS QUE CONOCÍAIS.*

SÍ, PATITAS QUERÍA EMPEZAR ESTA PÁGINA DE MANERA ESPECTACULAR Y PENSABA QUE CON EL PESO DE SU CUERPO DESTROZARÍA EL CRISTAL.

A DECIR VERDAD, QUERRÍA PODER HACER LO UNO Y LO OTRO, PERO NO PUEDO, Y A VECES LAS CHICAS TENEMOS QUE ELEGIR. QUE OTRA SE UNA AL CLUB DE ANIME EN MI LUGAR. YA ME APUNTARÉ LUEGO.

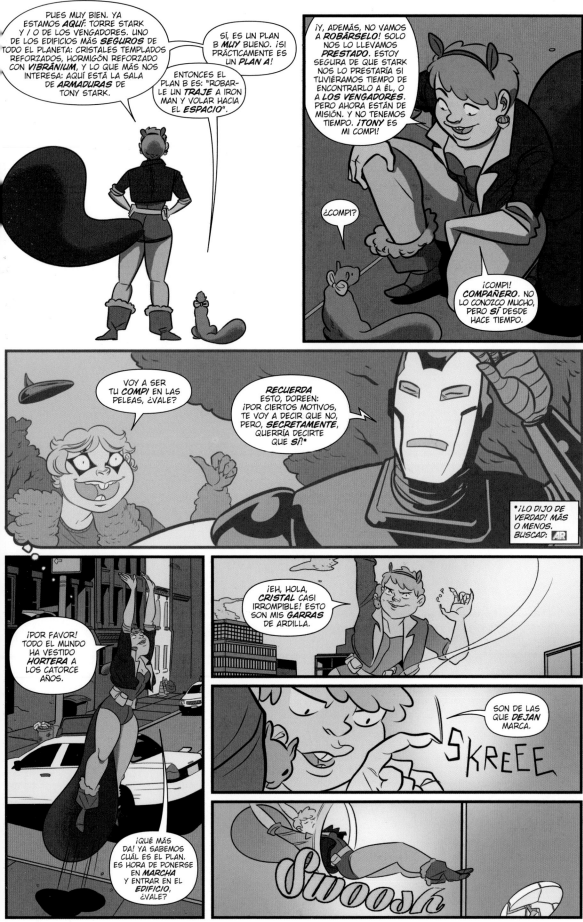

COMO SOLÍA DECIR MI TÍA BENJAMINA, "TODA GRAN AGILIDAD ARDILLESCA COMPORTA UNA GRAN RESPONSABILIDAD IGUALMENTE ARDILLESCA".

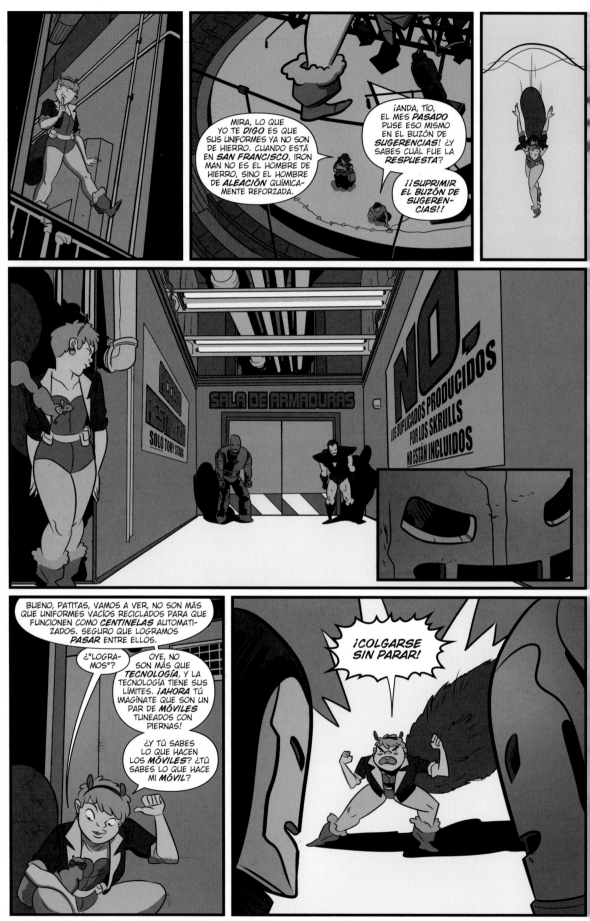

¡MUY BIEN, **ROBOTS**! ¡SOY YO, LA CHICA ARDILLA, Y OS HABLO EN VOZ ALTA Y FUERTE PARA QUE VUESTRA FUNCIÓN DE **RECONOCIMIENTO** DE VOZ LO PILLE!

¡OS VOY A **ARROJAR** ESTA GRANADA! ¡VA A EXPLOTAR DENTRO DE UN **SEGUNDO** SI NO LA DESTRUÍS!

¡UALA!

¡VALE, PUES ALLÁ VA MI **GRANADA**!

¿LO VES? ¿LO VES? ES POR ESTO POR LO QUE TENEMOS QUE **INVERTIR** EN INFORMÁTICA. AHORA SOLO TENEMOS QUE **ABRIR** LA PUERTA Y...

¿...EH?

KAKOOM

¿LOS DE **SEGURIDAD** DE OCHO ZONAS DISTINTAS? ¿TODOS **VIENEN** POR MÍ?

POR MÍ, UNA **CHICA** NORMAL, QUE, ESTO...

...AH, SÍ, QUE **BUSCANDO** EL BAÑO SE HA SEPARADO SIN QUERER DEL GUÍA Y DEL **RESTO** DEL GRUPO.

ESE "FUUUUU" ES EL SONIDO DE LOS REPULSORES QUE SE CARGAN. NO SON LOS ROBOTS LOS QUE HACEN ESE "FUUUU", AUNQUE LES HABRÍA QUEDADO MUY MONO.

¡AY! ¡¡CUIDADO CON MI *CULO*, ESTÚPIDOS ROBOTS!!

¡BUENO, PUES VALE! ¡AHORA RESULTA QUE *TODO* ESTO HA SIDO UNA PÉRDIDA DE *TIEMPO*!

¡¡A PARTIR DE AHORA, CUANDO *ALGUIEN* DIGA QUE "TONY STARK APUESTA POR LOS *BAÑOS PÚBLICOS* GRATUITOS Y DE CALIDAD" LE DIRÉ QUE *MIENTE*!!

¿PUES SABÉIS QUÉ?, ¡¡ME VOY A *CASA* Y VOSOTROS OS VAIS TODOS A *PASEO*!!

¡EH, *QUÉ* FUERTE! ¡BUEN *TRABAJO*, CHICAS!

¡EL PLAN NOS HA *SALIDO* MUY BIEN, DOREEN! ¡LOS DE SEGURIDAD ESTABAN TAN *OCUPADOS* PERSIGUIENDO A LA CHICA QUE NO HAN VISTO A LAS ARDILLAS QUE SE LES *METÍAN* EN TODAS LAS ZONAS SIN *VIGILAR*!

¡BIEN! AHORA HARE- MOS UN MONTÓN CON *TODO* ESTO QUE OS HABÉIS LLEVADO Y VEREMOS SI ES POSIBLE HACERLO FUNCIONAR, ¿¿*VALE*??

¡HASTA AHORA NO TE HABÍA INFORMADO DE SU PLAN, AMIGO LECTOR, PORQUE ASÍ PRESERVAMOS EL FACTOR SORPRESA EN LA NARRACIÓN! Y ADEMÁS: ¿CÓMO VOY A SABER SI PUEDO CONFIAR EN TI? ¿¿EH?? PODRÍAS SER, LITERALMENTE, CUALQUIERA.

HUMM.

HOLA, ORDENADOR, TE HABLA LA CHICA ARDILLA. QUIERO QUE **COMBINES** ESTOS PEDAZOS DE IRON MAN Y NOS MONTES UNOS UNIFORMES MUY **CHULOS** A MI AMIGA Y A MÍ, ¿VALE?

POR CIERTO, MI AMIGA ES UNA **ARDILLA**.

DICE QUE ESTÁ **PROGRAMADO** PARA RESPONDERLE SOLO A STARK.

¿Y QUÉ TAL SE TE DA **IMITAR** A STARK?

PUES MUY **BIEN**, PERO, ¿SABES QUÉ? PIENSO QUE **NO** SERÁ NECESARIO.

TONY ME DEBE UN **FAVOR**, Y HACE TIEMPO ME DIJO QUE SI ALGÚN DÍA NECESITABA SU **AYUDA** TAN SOLO DEBERÍA DECIR TRES **PALABRAS**.

VALE, ORDENADOR, TENGO ALGO QUE DECIRTE, Y QUIERO QUE **ESCUCHES** CON MUCHÍSIMA ATENCIÓN:

ACCESO DENEGADO

VICTOR VON NAVE-MUERTE

VOZ NO RECONOCIDA

TIPO CORPORAL: NO CORRESPONDE

¡TE VOY A DAR!

DENEGAR: NUEVA CARGA INICIADA

VOZ RECONOCIDA

GRACIAS, COMPI, ESA **CONTRASEÑA** LA ELEGISTE POR **MÍ**.

TIPO CORPORAL: 89% MÁS CURVAS QUE STARK

TIPO CORPORAL: DE INFARTO / TIPO DE COLA: INESPERADO / TIPO DE GARRA: BUUF, TONY, TIENES QUE CONTROLARLE ESAS UÑAS.

ACCEDIENDO A NUEVO BYTECODE... ACCEDIDO. CONFIRMANDO IDENTIDAD... CONFIRMADA. BIENVENIDA, CHICA ARDILLA.

Poco después...

¡AH, NO!

¡ESTUPENDO! ESTO ES UNA ARMADURA MODULAR, ¿VERDAD? PIEZAS DISTINTAS QUE COOPERAN PARA HACER UNA ARMADURA DE IRON MAN.

AFIRMATIVO.

PERFECTO. ENTONCES, DIME...

¿...QUÉ OTRAS FORMAS PUEDES HACER?

NO PUEDE SER.

AY DIOS MÍO, AY DIOS MÍO, ESTO ES LO MÁS GUAY EN TODA LA HISTORIA DEL MUNDO.

¿ESTÁS A PUNTO, PATITAS?

A PUNTO.

¡PUES VÁMONOS A LA LUNA, QUÉ DIABLOS!

FWOOOM

¡NOS HEMOS DECIDIDO POR IRNOS A LA LUNA, QUÉ DIABLOS! ¡NOS HEMOS DECIDIDO POR IRNOS A LA LUNA, QUÉ DIABLOS, NO PORQUE SEA FÁCIL, SINO PORQUE VA A SER BRUTAL! Y ADEMÁS, SI NO LO HACEMOS, SE VAN A COMER EL PLANETA. EN REALIDAD TENEMOS MUCHOS MOTIVOS.

The Unbeatable Squirrel Girl #3 USA

la Chica Ardilla en dos palabras

¡Chica Ardilla! @imbatibleca
Eh tíos habéis visto la zurra que le pegué a Kraven el otro día

¡Búsqueda! 🔍

#OWNED

#todoesnormalenelespacio

Bienvenidos al

#USG

Número Tres

Esperamos que os gusten los chistes sobre falafel

xKravenElCazadorx @kravenpeloenpecho
QUE NADIE HAGA CASO A @imbatibleca NO ME PEGÓ UNA ZURRA YO DECIDÍ DEJAR DE PELEAR

¡Chica Ardilla! @imbatibleca
@kravenpeloenpecho eh tío, ¿has cazado gigantos en el mar como te dije?

xKravenElCazadorx @kravenpeloenpecho
@imbatibleca escucha

xKravenElCazadorx @kravenpeloenpecho
@imbatibleca estas cosas llevan tiempo

¡Chica Ardilla! @imbatibleca
¡¡Parece que soy la única que sabe que GALACTUS VIENE A LA TIERRA!!

Patitas @ualalapatitas
CHIPPY CHOP CHIPCHOP

¡Chica Ardilla! @imbatibleca
Ah vale ¡¡¡Parece que @ualalapatitas y yo somos las únicas que sabemos que GALACTUS VIENE A LA TIERRA!!

¡Chica Ardilla! @imbatibleca
Eh oye

¡Chica Ardilla! @imbatibleca
entonces vamos a tener que detenerlo nosotras

¡Chica Ardilla! @imbatibleca
VAMOS A LA LUNA QUÉ DIABLOS

Tony Stark @starkmantony ✓
La que tomó "prestadas" piezas de la armadura de Iron Man en mis despachos de NY por favor las devuelva. Te estoy viendo @imbatibleca

¡Chica Ardilla! @imbatibleca
@starkmantony Tony esto es MUY IMPORTANTE. Es que esto es CÓSMICO.

¡Chica Ardilla! @imbatibleca
@starkmantony no sé por qué me corto. Esto es por Galactus.

¡Chica Ardilla! @imbatibleca
@starkmantony voy a zurrar a @xGALACTUSx, Tony EN LA LUNA

Tony Stark @starkmantony ✓
@imbatibleca Si lo rompes lo pagas

Latigazo @latigazodeverdad22
ACABO DE DERRIBAR A @STARMANTONY EN PLENO VUELO CON MIS LÁTIGOS DE ENERGÍA SÍ SÍ #OWNED

Tony Stark @starkmantony ✓
No era yo. Estoy en San Francisco, @latigazodeverdad22

Latigazo @latigazodeverdad22
@starkmantony LO SIENTO NO ENTIENDO SERÁ QUE ESTÁS FATAL #OWNED

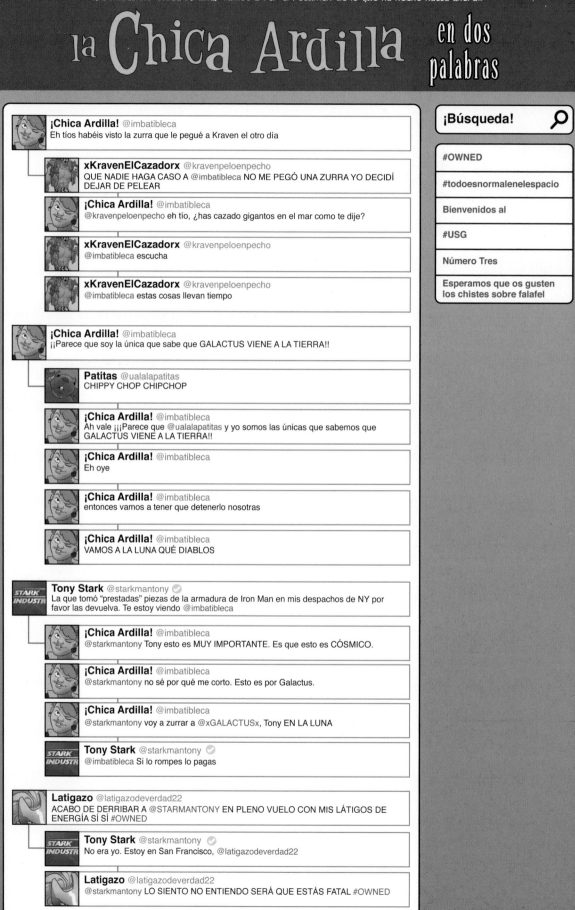

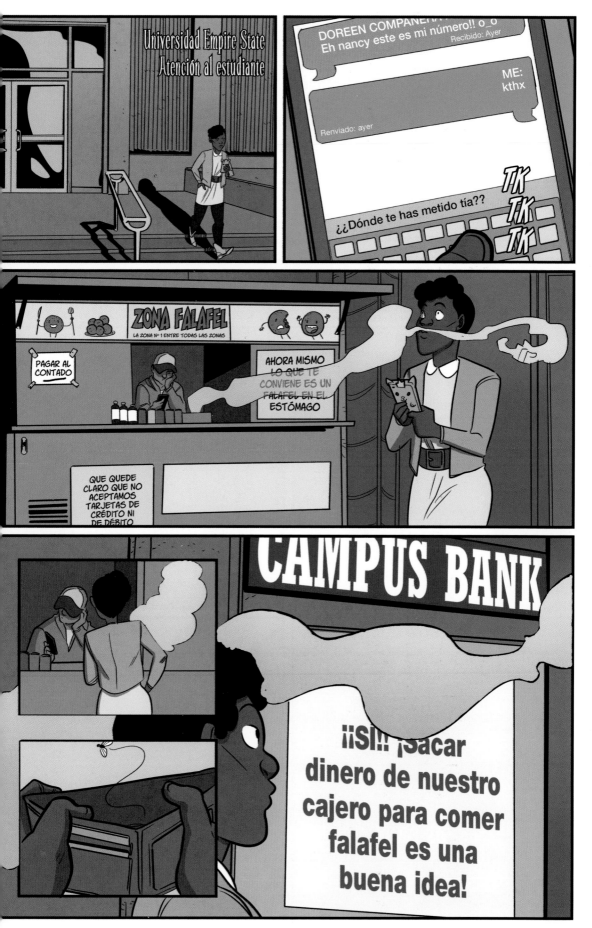

AHHH!

KRASH

THUD

la imbatible Chica Ardilla

uión: Ryan North
ibujo: Erica Henderson
ibujos de tarjetas: Kyle Starks
olor: Rico Renzi
ubierta: Erica Henderson
biertas alternativas de Jill Thompson;
Gurihiru

PERSONAJES:

Chica Ardilla

IDENTIDAD SECRETA: DOREEN GREEN.
CURIOSIDAD: ¡LE GUSTA IRON MAN Y SE HA LLEVADO PRESTADA SU ARMADURA!

Latigazo

IDENTIDAD SECRETA: ANTON VANKO.
CURIOSIDAD: ¡ODIA A IRON MAN Y ACABA DE PROVOCAR INTERFERENCIAS EN SU ARMADURA!

Nancy Whitehead

IDENTIDAD SECRETA: NANCY WHITEHEAD.
CURIOSIDAD: ¡EL TÍO QUE HA PASADO DISPARADO POR LA PUERTA QUE NANCY ACABABA DE ABRIR TAMBIÉN SE HA COLADO EN EL CAJERO! ¡PERO POR FAVOR…!

Galactus

IDENTIDAD SECRETA: G. ALACTUS.
CURIOSIDAD: OYE, PUEDE QUE ACABE DE INVENTARME LA IDENTIDAD SECRETA. TODAVÍA MÁS CURIOSO: ¿¿Y SI NO ME LA HE INVENTADO??

Contador Galactus

IDENTIDAD SECRETA: CONTADOR G. ALACTUS.
CURIOSIDAD: ¡¡EL CONTADOR GALACTUS NO ES UN PERSONAJE, SINO ÚNICAMENTE UN RECURSO NARRATIVO, Y EN REALIDAD NO EXISTE!!

BUENO, AHORA VAMOS A HABLAR EN SERIO. SI BUSCÁIS POR INTERNET VERÉIS QUE EL VERDADERO NOMBRE DE GALACTUS ES "GALÁN", QUE SÍ, QUE NO ES BROMA: GALÁN A. LACTUS.

DISCULPA, PERO ME LLAMO "LATIGAZO". LATIGUILLO ES UN AMIGO MUY PELMA QUE VA POR AHÍ CON MALAS IMITACIONES DE MIS FABULOSOS ARTILUGIOS.

Entretanto...

¡NO DEJÉIS QUE LOS POLIS SE ACERQUEN! ¡¡EN UNOS *MINUTOS* TERMINAMOS!!

NO TE PREOCUPES.

SEGURO QUE SI *MATO* A UNO DE LOS REHENES POR CADA PASO QUE DEN LOS FRENARÉ UN POCO.

¡NO! ¡NO, POR FAVOR, *NO*!

POR FAVOR, *POR FAVOR*, NO...

¡EH! ¡EH... ESTO... ATRACADOR!

SÍ, TÚ, EL TÍO QUE HA VENIDO A ATRACAR EL BANCO CON UN *ANTIFAZ* DE VERDAD.

QUIZÁ PODRÍAS RESPONDERME A *ESTA* PREGUNTA:

¿¿CÓMO SE TE *OCURRE* A ESTAS ALTURAS??

TÍO, PARECES UN *FRIKI* VESTIDO DE ÉPOCA EN UN SALÓN DEL CÓMIC.

AH, SÍ, CLARO, SERÁ QUE TÚ ERES UNA GRAN ATRACADORA. TÚ LO HARÍAS MUCHO *MEJOR*, ¿NO?

YO, AL MENOS, EMPLEO EL ORDENADOR.

¿SABES ESA GENTE QUE MANDA CORREOS DEL TIPO "UN TÍO TUYO QUE ERA MUY RARO SE HA MUERTO Y TE HA DEJADO UN MILLÓN DE DÓLARES Y TE LOS INGRESO SI ME MANDAS LOS DATOS DE LA TARJETA DE CRÉDITO"? ¿SABES ESA GENTE DE LA QUE SE *RÍE* TODO EL MUNDO? PUES ALGUIEN DEBE DE CAER EN LA TRAMPA, PORQUE ESOS CORREOS NO DEJAN DE LLEGAR.

PUES ESOS SON, LITERALMENTE, CINCO MIL VECES MÁS *LISTOS* QUE TÚ.

VALE, VALE, DE ACUERDO, ES QUE ME HABÍA ENTUSIASMADO CON ARDILLA TIOCAÑÓN. VOLVAMOS CON LA CHICA ARDILLA, ¿VALE? PERO NO SALE EN ESTA PÁGINA. ¡BUFFF!

ATENCIÓN, TODAS LAS UNIDADES: BUSQUEN POR TODA LA ZONA A *PANOLIS* QUE SE LLAMEN LARRY. PODRÍAN IR ARMADOS Y ADEMÁS SON PANOLIS.

VALE, RETIRO TODO LO **MALO** QUE HAYA PODIDO DECIR SOBRE LAS ARDILLAS.

¡ES CASI COMO SI LUCHÁRAMOS CONTRA UNA FUERZA LITERAL DE LA **NATURALEZA** EN FORMA DE ARDILLA! PERO JA JA JA ¡QUÉ DISPARATE!

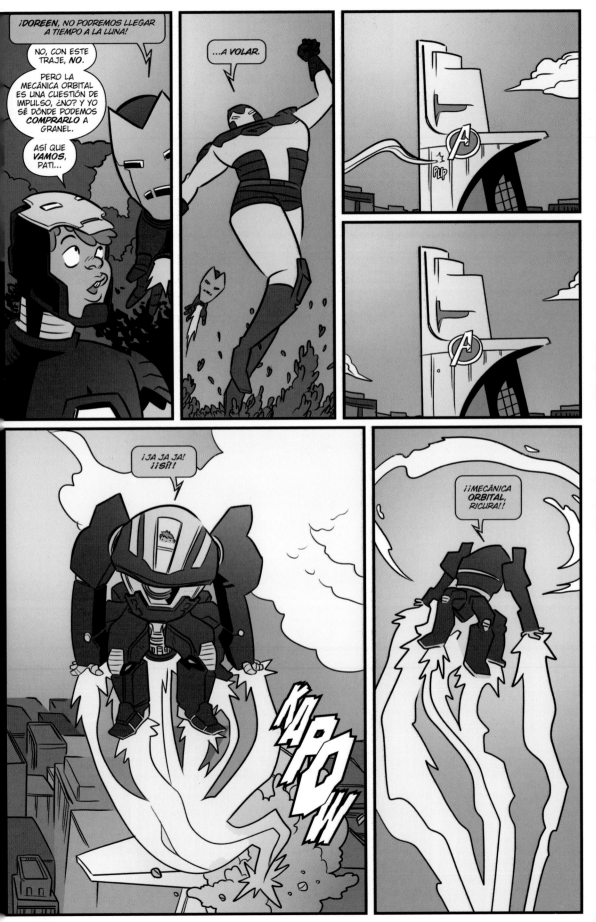

The Unbeatable Squirrel Girl #4 USA

la Chica Ardilla en dos palabras

¡BUSCAR! 🔍

#atracoalbanco

#fantasmónenelbanco

#miau

#patronesdepuntodisfrazardilla

#pastelitodemerienda

#hombreardilla

G. ALACTUS — **GALACTUS** @xGALACTUSx
EH SABES QUÉ VOY A LA TIERRA A DEVORAR EL PLANETA ENTERO

G. ALACTUS — **GALACTUS** @xGALACTUSx
Y NADIE LO SABE PORQUE HE PUESTO MI NAVE EN CAMUFLAJE

G. ALACTUS — **GALACTUS** @xGALACTUSx
"PERO ESPERA", DIRÉIS, "¡JA! ¡¡AHORA LO SABEMOS PORQUE LO HAS PUESTO EN LAS REDES SOCIALES!!"

G. ALACTUS — **GALACTUS** @xGALACTUSx
PERO NO LO DIRÉIS PORQUE NADIE SABE QUE VOY PORQUE NADIE ME SIGUE EN ESTA PATÉTICA RED SOCIAL

G. ALACTUS — **GALACTUS** @xGALACTUSx
...

G. ALACTUS — **GALACTUS** @xGALACTUSx
#ff @xGALACTUSx

STARK INDUSTR — **Tony Stark** @starkmantony ✓
@imbatibleca Me entero de que me han tomado "prestadas" otras piezas de Iron Man y encima hay un boquete en mi edificio. ¿Alguna explicación?

¡Chica Ardilla! @imbatibleca
@starkmantony Eh tío estos trajes tienen wifi?? Puedo conectarme mientras voy a la LUNA?? Tony eres el mejor <3

STARK INDUSTR — **Tony Stark** @starkmantony ✓
@imbatibleca Ese "wifi" funciona hasta la órbita de Marte está registrado como tecnología Stark y cuesta millares de dólares el KB.

¡Chica Ardilla! @imbatibleca
@starkmantony je je je ya me he bajado canciones para el viaje a la Luna lo siento!!!

STARK INDUSTR — **Tony Stark** @starkmantony ✓
@imbatibleca ¡No me digas que lo sientes! ¡Eso TAMBIÉN cuesta dinero!

¡Chica Ardilla! @imbatibleca
@starkmantony ayyyy lo siento!

STARK INDUSTR — **Tony Stark** @starkmantony ✓
@imbatibleca ¡No respondas! ¡Para de responder!

¡Chica Ardilla! @imbatibleca
@starkmantony uuuuuuuuuuuuuuuuuuuuuuuups

Nancy W. @coserconlacorriente
Os cuento una historia. Vuestra heroína, yo, quería comer un delicioso falafel (pagable solo en efectivo) y se fue al banco.

Nancy W. @coserconlacorriente
Y sabéis que los bancos son lo peor de lo peor hasta en los días en que NO te toman como rehén. ¿PUES SABÉIS QUÉ PASÓ?

Nancy W. @coserconlacorriente
Sí, eso. Pero me salvó @imbatibleca que apareció en MODO ARMADURA ARDILLA. No es broma.

Nancy W. @coserconlacorriente
Ocurrió de verdad. Me salvó una Chica Ardilla en traje ardilla. Ya sé que no me creéis.

Nancy W. @coserconlacorriente
tl; dr: da igual me comí el falafel.

Latigazo @latigazodeverdad22
Estoy atrapado en #CentralPark y necesito #repelenteantiardilla. ¡¡¡POR FAVOR RT!!! #por favor #rt #por favor #rt #por favor #rt

No, era broma, la historia continúa.

SÍ, GALACTUS PUEDE HABLAR CON LAS ARDILLAS. TAMBIÉN PUEDE DISPARAR RAYOS LÁSER CON LOS OJOS, Y ES EVIDENTE QUE QUIEN ABRE "OJOS LÁSER NIVEL 1"
ES QUE YA HA LLEGADO A "HABLAR CON PEQUEÑOS MAMÍFEROS NIVEL 100".

OYE, ¿DÓNDE ESTÁ EL *HERALDO*? ¿NO IBAS SIEMPRE CON UN HERALDO?

SÍ, *INTENTÉ* ESE SISTEMA.

"PERO LO QUE OCURRIÓ DE VERDAD FUE QUE ME PRESENTÉ EN LA TIERRA Y TODO EL *MUNDO* DIJO: '¡ANDA, SI ES GALACTUS, VAYA *SORPRESA!*'"

"PERO, NO, DE SORPRESA *NADA*, PORQUE ENVIASTE LITERALMENTE A UNA *PERSONA* A AVISARNOS."

"ES PLATEADO Y TIENE UNA TABLA DE *SURF* QUE LE SIRVE PARA VOLAR POR EL ESPACIO, Y HA HECHO QUE EL CIELO *PARECIERA* UN MONTÓN DE ROCAS."

"LA VERDAD, ERA *DIFÍCIL* NO VERLO."

Y ENTONCES SE ME *OCURRIÓ* QUE, SI NO LE DABA A ESTE PLANETA LLENO DE *SUPERHÉROES* LA POSIBILIDAD DE PREPARARSE, QUIZÁ TODO ME SALDRÍA *MEJOR* ESTA VEZ.

¡PARECE *LÓGICO!*

¡PATITAS! ¡NO LE DIGAS A GALACTUS QUE SU *PLAN* PARA DESTRUIR LA TIERRA ES *LÓGICO!*

¡PERO ES QUE SÍ LO ES! ¡ES UN BUEN *PLAN!*

GRACIAS, PATITAS.

TODO EL MUNDO PENSABA: "¡AH, MIRA, ESE ES GALACTUS! YO LO ENCUENTRO GENIAL, PERO LA ÚNICA MANERA EN QUE PUEDO EXPRESAR MI ADMIRACIÓN CONSISTE EN FRUSTRAR SUS PLANES. AUNQUE EN EL FONDO SIENTO UN GRAN RESPETO POR SU LÍNEA DE ACTUACIÓN."

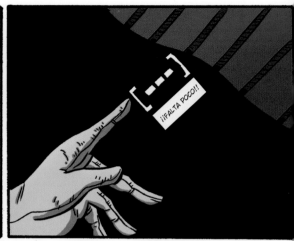

¡GRACIAS, PIEZAS DEL TRAJE DE IRON MAN! HABÉIS IMPEDIDO LA CATÁSTROFE. VENGA, VAMOS, QUE TODO EL MUNDO VAYA CON ESAS PIEZAS DE TRAJE Y LES DÉ... ¿¿LA MANO??

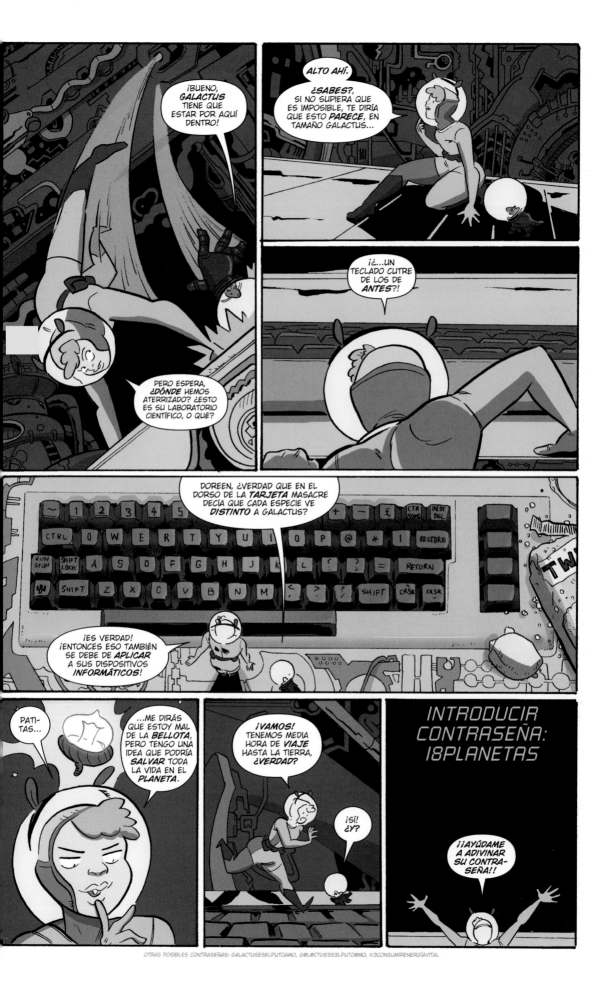

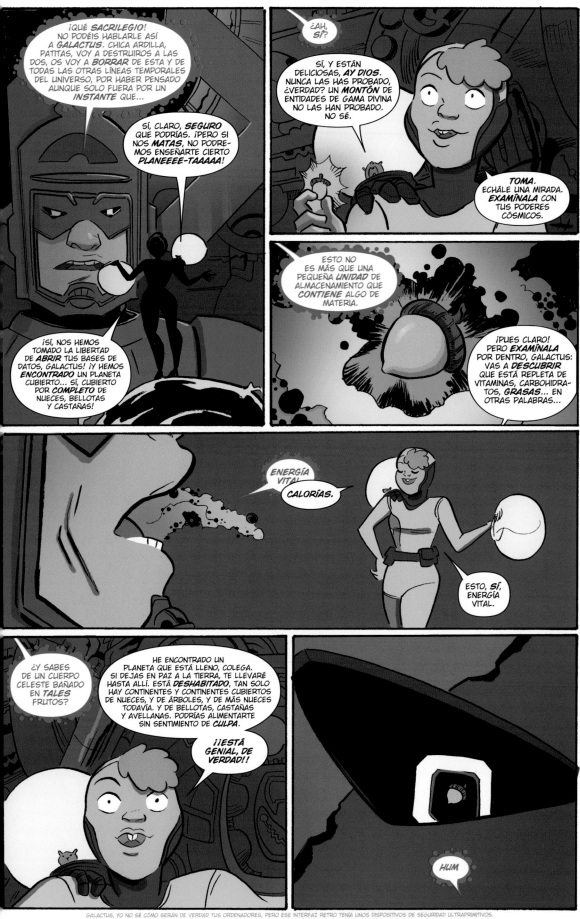

¡QUÉ *SACRILEGIO*! NO PODÉIS HABLARLE ASÍ A *GALACTUS*. CHICA ARDILLA, PATITAS, OS VOY A DESTRUIROS A LAS DOS, OS VOY A *BORRAR* DE ESTA Y DE TODAS LAS OTRAS LÍNEAS TEMPORALES DEL UNIVERSO, POR HABER PENSADO AUNQUE SOLO FUERA POR UN *INSTANTE* QUE...

SÍ, CLARO, *SEGURO* QUE PODRÍAS. ¡PERO SI NOS *MATAS*, NO PODREMOS ENSEÑARTE CIERTO *PLANEEEE-TAAAAA*!

¡SÍ, NOS HEMOS TOMADO LA LIBERTAD DE *ABRIR* TUS BASES DE DATOS, GALACTUS! ¡Y HEMOS *ENCONTRADO* UN PLANETA CUBIERTO... SÍ, CUBIERTO POR *COMPLETO* DE NUECES, BELLOTAS Y CASTAÑAS!

¿AH, *SÍ*?

SÍ, Y ESTÁN DELICIOSAS, *AY DIOS.* NUNCA LAS HAS PROBADO, ¿VERDAD? UN *MONTÓN* DE ENTIDADES DE GAMA DIVINA NO LAS HAN PROBADO. NO SÉ.

TOMA. ECHÁLE UNA MIRADA. *EXAMÍNALA* CON TUS PODERES CÓSMICOS.

ESTO NO ES MÁS QUE UNA PEQUEÑA *UNIDAD* DE ALMACENAMIENTO QUE *CONTIENE* ALGO DE MATERIA.

¡PUES CLARO! PERO *EXAMÍNALA* POR DENTRO, GALACTUS: VAS A *DESCUBRIR* QUE ESTÁ REPLETA DE VITAMINAS, CARBOHIDRATOS, *GRASAS*... EN OTRAS PALABRAS...

ENERGÍA VITAL CALORÍAS.

ESTO, *SÍ*, ENERGÍA VITAL.

¿Y SABES DE UN CUERPO CELESTE BAÑADO EN *TALES* FRUTOS?

HE ENCONTRADO UN PLANETA QUE ESTÁ LLENO, COLEGA. SI DEJAS EN PAZ A LA TIERRA, TE LLEVARÉ HASTA ALLÍ. ESTÁ *DESHABITADO*, TAN SOLO HAY CONTINENTES Y CONTINENTES CUBIERTOS DE NUECES, Y DE ÁRBOLES, Y DE MÁS NUECES TODAVÍA. Y DE BELLOTAS, CASTAÑAS Y AVELLANAS. PODRÍAS ALIMENTARTE SIN SENTIMIENTO DE *CULPA.*

¡¡ESTÁ *GENIAL*, DE VERDAD!!

HUM

GALACTUS, YO NO SÉ CÓMO SERÁN DE VERDAD TUS ORDENADORES, PERO ESE INTERFAZ RETRO TENÍA UNOS DISPOSITIVOS DE SEGURIDAD ULTRAPRIMITIVOS. ¿TENGO QUE DARTE LAS GRACIAS, O SE LAS DOY A MI PROPIA IMAGINACIÓN, O...?

¿A PUNTO?

¡EH, **SÍ**! SÍ, SÍ, ESTOY **SUPERA-PUNTO**.

¡UAH!

¡AHORA NO TE PASES **CONMIGO**!

¡NO ME **PASARÉ**!

MIERDA... NO SE LO PUEDO **CONTAR** A NADIE. NADIE SE LO **CREERÍA**.

¡Fin!

EL TITULAR DE MAÑANA: ¿¿ALGUIEN HA VISTO A UNA MISTERIOSA ARDILLA CON UN GATO?? EL GATO SE LLAMA MIAU Y PARECE ANTIPÁTICO, PERO ESTÁ MEGAMONO.

The Unbeatable Squirrel Girl #5 USA

la Chica Ardilla en dos palabras

¡Chica Ardilla! @imbatibleca
@xGALACTUSx ¡¡¡eh tío gracias por no haberte comido el mundo al final!!!

GALACTUS @xGALACTUSx
@imbatibleca NO PASA NADA EL PLANETA ESE LLENO DE NUECES Y AVELLANAS QUE ENCONTRASTE ERA MUCHO MEJOR

Masacre @masacreconmuertos
@imbatibleca @xGALACTUSx ¡Eh, un momento! ¿Toda esa historia no era broma?

Masacre @masacreconmuertos
@imbatibleca @xGALACTUSx ¿¿Galactus fue DE VERDAD a la Tierra?? ¿Ayer? ¿¿El GALACTUS de VERDAD estuvo AQUÍ??

Masacre @masacreconmuertos
@imbatibleca @xGALACTUSx y yo me pasé todo el día encerrado en casa en gayumbos viendo la televisión

Masacre @masacreconmuertos
@imbatibleca @xGALACTUSx ¡¡LA PRÓXIMA VEZ ME LLAMAS!!

Tony Stark @starkmantony ✔
Un montón de piezas de Iron Man han aparecido en NY cubiertas de polvo lunar. Es muy valioso, así que gracias. @imbatibleca

Patitas @ualalapatitas
@starkmantony ¿CHIPPY CHOPPY CHOPP?

Tony Stark @starkmantony ✔
@ualalapatitas No te comprendo. Ninguno de mis algoritmos de traducción te comprende. Será porque eres literalmente una ardilla.

Patitas @ualalapatitas
@starkmantony CHIPPY... ¿CHOP CHOP CHIPCHOP?

Tony Stark @starkmantony ✔
@imbatibleca te ayudo...?

¡Chica Ardilla! @imbatibleca
@starkmantony Te pregunta si has descubierto que el polvo venía del nuevo restaurante lunar.

Tony Stark @starkmantony ✔
@imbatibleca @ualalapatitas ¿Qué nuevo restaurante lunar?

Patitas @ualalapatitas
@starkmantony CHOP CHOP CHIPPY CHOP

¡Chica Ardilla! @imbatibleca
@starkmantony te dice "¡el que acaban de abrir! la comida es buena, pero le falta ATMÓSFERA."

¡Chica Ardilla! @imbatibleca
@starkmantony ja ja ja qué chiste más bueno!!! buen trabajo @ualalapatitas

Tony Stark @starkmantony ✔
@imbatibleca @ualalapatitas Sabéis que estoy al mando de una importante corporación, ¿verdad?

Tony Stark @starkmantony ✔
@imbatibleca @ualalapatitas Ni siquiera tendría que escribir aquí

Nancy W. @coserconlacorriente
Estuve metida de pies a cabeza en un traje de ardillas y no olía tan mal como podríais pensar.

Nancy W. @coserconlacorriente
ACTUALIZACIÓN IMPORTANTE.

Nancy W. @coserconlacorriente
Estuve metida de pies a cabeza en un traje de ardillas y tampoco olía tan BIEN como podríais pensar.

¡Búsqueda! 🔍

#dinosaurios

#chicARóbalo

#clones

#acrónimos

#depósitodenueces

#¡¡PATITAAAAS!!

Ryan North - guión
Erica Henderson - dibujo
Rico Renzi &
Erica Henderson - color
Erica Henderson - cubierta

BUENO, VIVIR EN UN MUNDO EN EL QUE "LA DEMOCRACIA YA LE VUELVE A GUSTAR" ES PARA EL *CAPITÁN AMÉRICA* LO MISMO QUE "UN GRAN PODER CONLLEVA UNA GRAN RESPONSABILIDAD" PARA *SPIDERMAN*.

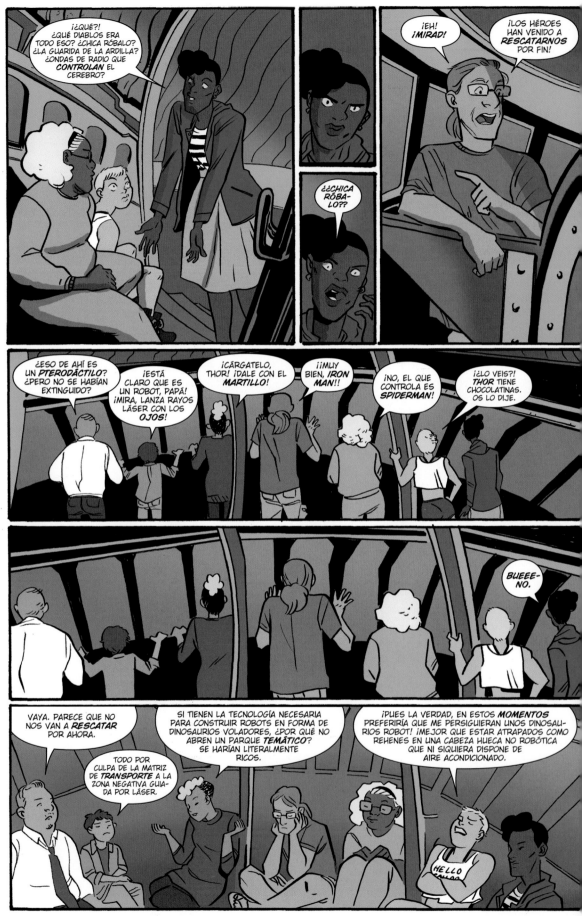

SI ESTÁS LITERALMENTE CANSADO DEL DINERO QUE YA TIENES Y QUIERES QUE TODOS LOS PAÍSES SE PONGAN A IMPRIMIR BILLETES PARA *REGALÁRTELOS*, ABRE UN PARQUE DE ATRACCIONES DONDE SE PUEDA LUCHAR CON DINOSAURIOS.

PUES ACABO DE *RECORDAR* ALGO: YO SÉ QUIÉN ES LA CHICA ARDILLA. Y ESA HISTORIA NO CUADRA CON LO QUE HE OÍDO.

YO SÍ LO SÉ, ¿VALE? NO QUERÍA DECIRLO, PERO *YO...*

Y OS VOY A *CONTAR* LA VERDADERA HISTORIA DE LA VERDADERA CHICA ARDILLA.

¿Y EN TU HISTORIA APARECE LA CHICA RÓBALO? ¿Y LA CHICA ARDILLA TIENE *ALGUNA* CARACTERÍSTICA ESPECIAL, COMO QUE SE LA PUEDA DISTRAER CON SEÑUELOS DE COLORES BRILLANTES, O...?

NO. EN MI HISTORIA SALE ALGO TODAVÍA MEJOR.

CLONES.

¡AHHH, A MÍ ME ENCANTAN!

¡SON COMO LAS PERSONAS QUE A MÍ ME GUSTAN, PERO DE MENTIRA, Y ASÍ SON AÚN *MÁS* INTERESANTES!

VALE, MUY BIEN, *PREPARAOS,* PORQUE ESTOY A PUNTO DE CONTAROS...

...UNA HISTORIA QUE, SI ESTUVIÉRAMOS OBLIGADOS A PONERLE TÍTULO, TENDRÍAMOS QUE LLAMAR...

¡LUEGO LA CHICA ARDILLA VIAJÓ A UNA GALAXIA LEJANA PARA TOMAR PARTE EN LO QUE TAN SOLO PUEDO LLAMAR "BATALLAS *CONFIDENCIALES*" Y EL TRAJE LE QUEDÓ CUBIERTO DE DESGARRONES!

¡ASÍ QUE POR SUPUESTO LA SOLUCIÓN CONSISTIÓ EN *REGRESAR* A LA TIERRA CON UN TRAJE QUE ERA UN SIMBIONTE ALIENÍGENA CON VIDA PROPIA!

¡GUAU! ¡ESTO ME VA A SOLUCIONAR PARA SIEMPRE MI PROBLEMA CON LOS TRAJES Y NO VA A TENER *CONSECUENCIAS* IMPREVISTAS DE NINGÚN TIPO!

DESPUÉS RESULTÓ QUE EL TRAJE ERA EN *REALIDAD* UN VILLANO Y TUVO QUE DESHACERSE DE ÉL.

YO SOLO QUERÍA *ARREGLARME* LOS PANTALONES ROTOS, ¿Y AHORA TENGO QUE AGUANTAR TODO ESTO? ¿¿POR QUÉ TIENE QUE SER TAN COMPLICADO VESTIRSE??

¡¡BLEJJ!!

Y DE HECHO, ¿¿POR QUÉ TIENE QUE SER TAN COMPLICADO TODO LO *DEMÁS*??

PERO, TÍO, YO CREO QUE ESTÁS *PENSANDO* EN SPIDERMAN.

ESPERA, ¿*SPIDERMAN* TIENE COLA? NO TIENE, ¿VERDAD QUE NO?

¡ES *IMPOSIBLE*! YO...

ANDA, ¿¿SERÁ QUE ME HE IMAGINADO TODO ESTO PORQUE SPIDERMAN QUEDARÍA MEJOR CON *COLA*??

SÍ, ESTÁ CLARO, ESTABA *PENSANDO* EN SPIDERMAN.

BUENO, PUES MIRA, SON DOS PERSONAS TOTALMENTE *DISTINTAS*.

¡SÍ, CLARO, VOY A PONER UNA ALERTA DE SPOILER PARA QUE NADIE SE ENTERE DE LO QUE LE OCURRIÓ A SPIDERMAN HARÁ UN PAR DE DÉCADAS! ¡SI NO QUERÉIS SABER LO QUE LE OCURRIÓ A SPIDERMAN HARÁ UN PAR DE DÉCADAS, POR FAVOR, PRESCINDID DE ESTA PÁGINA *AHOOOORA* MISMO! ¡PERFECTO, YA ESTÁ!

MIRAD, SI NO TENÉIS NI IDEA DE QUIÉN ES LA CHICA ARDILLA, NO PASA NADA. NO TENÉIS POR QUÉ *INVENTAROS* HISTORIAS SOBRE ELLA.

¡YO LO SÉ TODO SOBRE ELLA! HE BUSCADO POR INTERNET Y CONOZCO *ULTRAHECHOS* COMPROBADOS.

Y SÉ CUÁL ES SU *VERDADERA* HISTORIA.

COMO VUELVA A SER UNA HISTORIA DE *SPIDERMAN*, POR DIOS QUE...

NO, ES DE LA CHICA ARDILLA. CON LA FUERZA *PROPORCIONAL* DE UNA ARDILLA Y UNA COLA GRANDE Y PELUDA QUE NO SE SEPARA DEL CUERPO. ES PERMANENTE. IGUAL DE PERMANENTE QUE SU... ¿¿SED DE JUSTICIA??

Y ES ASTUTA, Y FUERTE Y GENTIL. DICHO DE *OTRO* MODO: ES IMBATIBLE.

BUENO... TÚ TE *ACERCAS* MÁS A LA REALIDAD.

Y ADEMÁS, VIENE DEL *FUTURO*.

¿QUÉ?

LA FRASE HECHA DE LA CHICA ARDILLA DEL FUTURO NO ES "VAMOS A CASCAR NUECES", SINO "ES TIEMPO DE CASCAR NUECES", Y LOS VILLANOS SIEMPRE RESPONDEN: "AH, VALE, HAS LLEGADO DESDE EL FUTURO, YA LO *PILLAMOS*."

NO *SUFRAS*, NICK. YA...

...VOY.

ZOOM

A LA *PORRA*, SEÑOR.

AQUÍ DEBE DE HABER UN MILLÓN DE MUERTEBOTS, Y SI NO LOS *DETENEMOS* AHORA MISMO, EL MUNDO TAL COMO LO CONOCEMOS QUEDARÁ SENTENCIADO A... ESTO...

POR FAVOR, *SEÑOR*, NO LO DIGA.

...MUERTE.

A VER, LA PRINCIPAL DEBILIDAD DEL DR. MUERTE ES SU *EGO*, Y EL MISMO HECHO DE QUE HAYA CONSTRUIDO MIL MILLONES DE CLONES ROBÓTICOS DE SÍ MISMO NOS DEMUESTRA QUE NO HA CAMBIADO. PORQUE, VEAMOS, ¿ALGUNO DE VOSOTROS LO HARÍA?

NO.

SÍ.

HUM...

DIGO... NO.

NO.

ESTA ES LA CLAVE: MUERTE TIENE TANTO EGO QUE HA CONSTRUIDO ESOS ROBOTS PARA QUE SEAN *IDÉNTICOS* A ÉL. PERO COMO SE CONSIDERA TAN GENIAL, NO VE SUS PROPIAS DEBILIDADES. ¡ASÍ QUE, CON SUERTE, ESOS ROBOTS TAMBIÉN LAS HABRÁN REPRODUCIDO!

SR. L.I.E.B.E.R.M.A.N., ¿QUÉ SABEMOS DE FUTURAS *VULNERABILIDADES* DE DR. MUERTE / MUERTEBOTS?

ACCEDIENDO... ENCONTRADO. ADVERTENCIA: EXPLOTACIÓN PREMATURA DE FUTURAS DEBILIDADES CONDUCIRÁ A UNA CORRUPCIÓN DEL 94% DE LA LÍNEA TEMPORAL.

PUES VAYA... ESO NO LO QUEREMOS. ¿ALGUNA *DEBILIDAD* DEL PASADO?

ACCEDIENDO... ENCONTRADO. ENTRE LAS DEBILIDADES DEL PASADO SE ENCUENTRA EL TEMOR A LAS ARDILLAS Y LA PROPENSIÓN A SALIRSE DE QUICIO EN PRESENCIA DE ARDILLAS.

¡AJÁ! ESO ES LO QUE YO BUSCABA. TAN SOLO NECESITAREMOS...

¡...UN POQUITO DE LA EXTRAÑA *"TELEPATÍA ARDILLA"* QUE ME CONCEDIERON LOS CIENTÍFICOS ALIENÍGENAS RENEGADOS QUE ME AYUDARON A ACTUALIZARME EL CUERPO EN EL FUTURO LEJANO!

¿POR QUÉ NO *PARA* DE SACAR A RELUCIR SU ABSURDA HISTORIA DE ORIGEN?

¡CHST!

POR SI OS QUEDABA ALGUNA DUDA, **SR. L.I.E.B.E.R.M.A.N.** SIGNIFICA: SISTEMA ROBÓTICO PARA LA LOCALIZACIÓN DE INEFICIENCIAS, EFICIENCIAS Y BIENES EXPLOTABLES Y OTROS RECURSOS, ASÍ COMO MAQUINARIA, AVELLANAS Y NUECES.

Y EN REALIDAD NO SON TAN RARAS. ¡TENDRÍAN QUE ANUNCIARLAS COMO ESTRATEGIAS HABITUALES QUE SALEN SIEMPRE MAL!
YO MISMO NO SÉ POR QUÉ CLICO SOBRE LOS BANNERS.

¡PERO LA CHICA ARDILLA NO ES ASÍ! Y NO PROCEDE DEL FUTURO, ¿SABÉIS? NI SIQUIERA TIENE SU PROPIA ORGANIZACIÓN SECRETA, NI VISTE ARMADURA. Y NO SOLO TIENE FUERZA. ES DIVERTIDA Y...

EH, ¿QUIERES QUE TE CUENTE MI HISTORIA SOBRE LA CHICA ARDILLA?

DISCULPA, AÚN NO HE TERM...

¡DA IGUAL, NO ME ENFADO! MI HISTORIA ES... VIENE A SER ASÍ:

¿CÓMO VA LA DIETA, PATITAS?

¡MUY BIEN! ¡YA NO COMO BELLOTAS!

© THE USUAL NUTS

¡¡BUENO, SÍ QUE COMO!!

¡¡PATITAAAAS!!

AY DIOS MÍO

OYE, ¿SABÉIS LO QUE LE GUSTA DE VERDAD A LA CHICA ARDILLA?

¿LA VENGANZA?

¡SÍ, LA VENGANZA! LE ENTUSIASMA...

NO LO ENTIENDES, MUCHACHO. ESTO NO ES UN VERTEDERO DE BASURAS...

...ES UN DEPÓSITO DE NUECES. UN LUGAR DONDE LAS ARDILLAS GUARDAN SUS NUECES HASTA QUE LES LLEGA EL HAMBRE.

Y YO SOY LA ARDILLA.

NO.

TENGO ARDILLAS. MONTONES DE ARDILLAS. A VECES LAS CUENTO PARA QUE ME TOMEN POR LOCO.

¡OYE, CHICA, SIENTO MUCHO NO HABER LLEGADO ANTES! ¡NI SIQUIERA ME *ENTERÉ* DE LO QUE OCURRÍA HASTA QUE VI LAS NOTICIAS!

¿NO ES *MYSTERIO*?

NO, A MYSTERIO LO *MANDARON* A UN UNIVERSO ALTERNATIVO. ESE DE AHÍ ES MYSTERION, EL NUEVO.

¿NO *VES* LAS NOTICIAS?

ES QUE EN *LIBERTY ISLAND* CASI NO HAY ARDILLAS, ¿SABES?

PUES CLARO QUE NO. ¡HAS TENIDO LA MALA SUERTE DE ESTAR EN EL LUGAR Y EL MOMENTO *EQUIVOCADOS*!

NADIE SABE QUE SOMOS *AMIGAS*.

NO PASA NADA. PERO QUE ESTO NO SE CONVIERTA EN MI ROL, ¿VALE? HACE DOS SEMANAS QUE TE CONOZCO Y YA VAN DOS VECES QUE ME TOMAN COMO *REHÉN*. DOS VECES. ANTES DE CONOCERTE, ME HABÍAN TOMADO CERO VECES COMO REHÉN. TE LO DIGO PARA QUE LO SEPAS.

NO QUIERO ENTRAR EN EL ROL DE "CHICA A LA QUE HAY QUE RESCATAR UNA Y OTRA VEZ". TENGO MUCHOS OTROS INTERESES, A SABER: EL GÉNERO DE PUNTO, MI GATO MIAU, Y ADEMÁS ESTOY *APRENDIENDO* A HACER PASTELES, Y POR OTRA PARTE, YA LO SABES, EL ROLLAZO DE LA CARRERA.

ESTO... *SÍ*...

¡¡...ME ALEGRO DE QUE ESTÉS BIEN, *MISTERIOSA* DESCONOCIDA!!

¡Y AHORA REGRESEMOS A NUESTRA HABITACIÓN EN LA RESIDENCIA, MISTERIOSA *DESCONOCIDA*!

The Unbeatable Squirrel Girl #6USA

la Chica Ardilla en dos palabras

¡Chica Ardilla! @imbatibleca
RT si ayudasteis a derrotar a Mysterion y sus DINOSAURIOS ROBOT y salvasteis la estatua de la libertad!!

¡Chica Ardilla! @imbatibleca
RT @imbatibleca: RT si ayudasteis a derrotar a Mysterion y sus DINOSAURIOS ROBOT y salvasteis la estatua de la libertad!!

¡Chica Ardilla! @imbatibleca
Sí acabo de retuitearme a mí misma

¡Chica Ardilla! @imbatibleca
PROBABLEMENTE porque ayudé a derrotar a Mysterion y sus DINOSAURIOS ROBOT y salvar la ESTATUA DE LA LIBERTAD.

¡Chica Ardilla! @imbatibleca
@HULKYROMPY eh gracias por el RT!

> **HULK** @HULKYROMPY
> @imbatibleca HULK ROMPER DINOSAURIO CANIJO!!

> **¡Chica Ardilla!** @imbatibleca
> @HULKYROMPY jajajaja lo rompimos entre todos!!

> **HULK** @HULKYROMPY
> @imbatibleca HULK CONTENTO SI PROBLEMAS SOCIOLÓGICOS SE RESUELVEN ROMPIENDO

> **¡Chica Ardilla!** @imbatibleca
> @HULKYROMPY bueno sí la verdad es que está muy bien cuando las cosas se resuelven así

CampusBank @campusbank
¡Buenas noticias! Hemos resuelto el boquete tamaño traje de ardilla gigante que teníamos en la pared. Nosotros también tenemos clase™.

> **¡Chica Ardilla!** @imbatibleca
> @campusbank vale pero no olvidemos que el único motivo de ese boquete es que salvé a todos los rehenes

CampusBank @campusbank
Se nos ha ocurrido que quizás os INTERESen nuestras nuevas cuentas gratuitas. Campus Bank: Nosotros también tenemos clase™.

> **¡Chica Ardilla!** @imbatibleca
> @campusbank vale el juego de palabras está bien pero podríais reconocerme que salvé a los rehenes

CampusBank @campusbank
Nos merecemos todo el CRÉDITO por los planes de préstamos para pagar las tasas. Campus Bank: Nosotros también tenemos clase™.

> **¡Chica Ardilla!** @imbatibleca
> @campusbank a veces me pregunto por qué sigo a tantas @marcas en las redes sociales

¡Chica Ardilla! @imbatibleca
A ver, que todo el mundo sea SINCERO, decidme si esta pared no se ve MEJOR con el boquete:

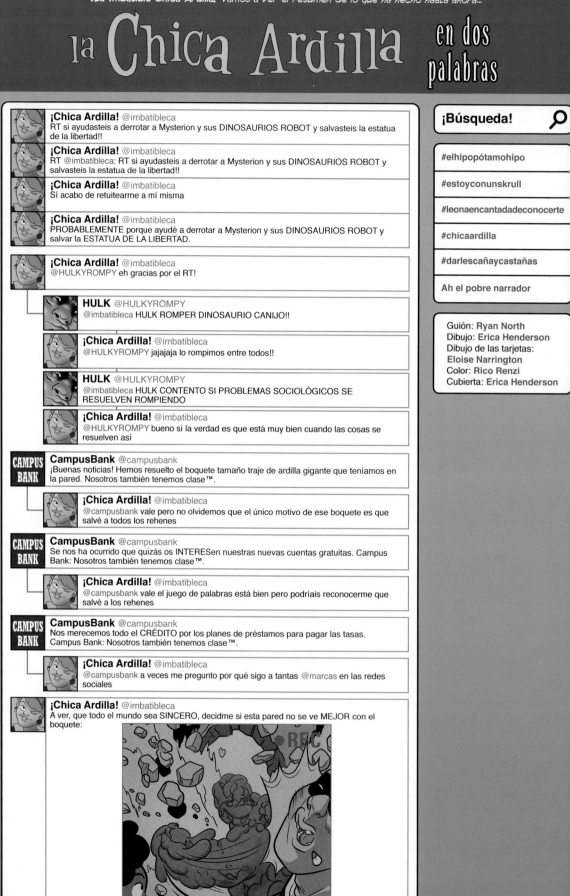

¡Búsqueda!

#elhipopótamohipo

#estoyconunskrull

#leonaencantadadeconocerte

#chicaardilla

#darlescañaycastañas

Ah el pobre narrador

Guión: Ryan North
Dibujo: Erica Henderson
Dibujo de las tarjetas:
Eloise Narrington
Color: Rico Renzi
Cubierta: Erica Henderson

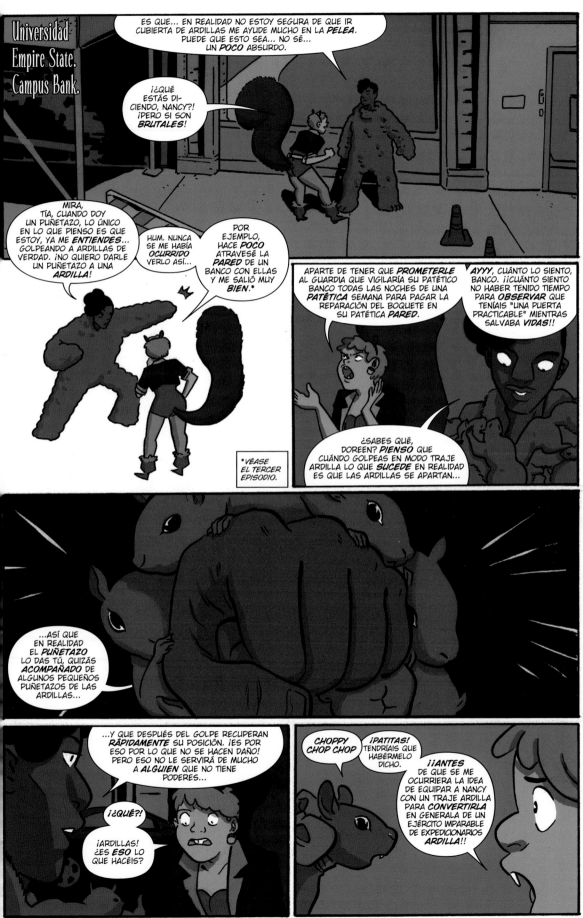

¡NOSOTROS NO COMEMOS CANICAS! ¡NUNCA HEMOS COMIDO CANICAS! ¿PERO QUIÉN DISEÑÓ ESE JUEGO?

ME GUSTA ESA NOCIÓN: COMER HASTA EL PUNTO DE QUE LO MÁS IMPORTANTE NO SEA LO QUE SE COME, SINO LOS KILOS QUE PESA LA COMIDA. ES QUE... ¿SABÉIS? ME ENCANTA COMER.

¡QUE TIENES RAZÓN! SI ME DESPERTARA SIN QUERERLO EN UN *NUEVO* CUERPO, ARGADO CON UN MONTÓN DE RIDÍCULAS RESPONSABILIDADES DE *ADULTO*, SIN AMIGOS, SIN APOYO... NO PUEDO ASEGURAR QUE NO *INTENTARA* ALGO PARECIDO A LO QUE ESTÁS *INTENTANDO* AHORA MISMO.

AH. PUES... *EHM*... GRACIAS.

NADIE...

...NADIE ME HABÍA *ESCUCHADO* COMO TÚ.

ASÍ QUE, SI NO TE *IMPORTA*, VOY A BUSCAR EL *DINERO* Y ME LARG...

¡NO!

SI TE LLEVAS EL *DINERO* DE ESE BANCO, TODO VA A SER AÚN *PEOR*, HIPO. PENAS DE CÁRCEL. ANTECEDENTES DELICTIVOS. Y, ADEMÁS, ME VERÉ *OBLIGADA* A DARTE CAÑA. MUCHA CAÑA.

¡PERO ES QUE NO HACE *FALTA* QUE TE LLEVES EL DINERO DEL BANCO!

PUES CLARO QUE *SÍ*, TÍA.

¡PERO BUENO! MIRA QUÉ *CAPACIDADES* TIENES: ¡VELOCIDAD! ¡PELLEJO SUPERRESISTENTE! ERES *LITERALMENTE* SUPERFUERTE. ¡TODO UN EQUIPO DE DEMOLICIÓN EN UN SOLO INDIVIDUO! ¡NO DEBERÍAS ROBAR BANCOS! ¡TENDRÍAS QUE TRABAJAR EN UNA EMPRESA DE DERRIBOS!

¿DE *DERRIBOS*?

¡SÍ, DE DERRIBOS! ¡SON *PERSONAS* QUE TIENEN POR PROFESIÓN DERRIBAR *EDIFICIOS*!

¿¿HAY GENTE A LA QUE LE *PAGAN* POR ESO??

¡SÍ! ¡SÍ *SÓLO* DERRIBAS LOS EDIFICIOS QUE *TIENES* QUE DERRIBAR, SÍ!

Y TE SERÁ MUCHO MÁS FÁCIL QUE *HUIR* TODO EL DÍA DE LA POLI. ALGO ME DICE QUE NO COSTARÍA MUCHO *IDENTIFICARTE* EN MEDIO DE UNA MULTITUD, O EN UNA *RUEDA* DE IDENTIFICACIÓN.

TOMA. EL NOVIO DE MI *MADRE* TRABAJA EN UNA. TE DOY SU NOMBRE. *ESCRÍBELE* MAÑANA POR LA MAÑANA. ¡SEGURO QUE PODRÁ *AYUDARTE*!

LA VERDAD, TÍO, ACABO DE DARME CUENTA DE QUE SI TE DOY EL NOMBRE DEL NOVIO DE MI MADRE PODRÍAS DESCUBRIR MI IDENTIDAD SECRETA, PERO NO PASA NADA, ENTRA EN INTERNET Y BUSCA "OFERTAS DE TRABAJO DERRIBOS NUEVA YORK" Y SEGURO QUE ENCUENTRAS ALGO. DILES QUE ERES UN HIPOPÓTAMO HUMANO GIGANTESCO.

♡ CHICA ARDILLA

LA COMPAÑÍA DE DERRIBOS EN LA QUE TRABAJA EL NOVIO DE LA MADRE DE CHICA ARDILLA SE LLAMA "HOLA, ¿QUÉ TAL? NOSOTROS TAMBIÉN QUERRÍAMOS CARGARNOS TODOS LOS EDIFICIOS", Y ES LÓGICO QUE SE LLAMEN ASÍ, PORQUE A VER, ¿QUIÉN PODRÍA NO CONTRATAR A UNA EMPRESA DE DERRIBOS QUE SE LLAMA ASÍ? RESPUESTA: NADIE.

VALE, LOS MONOS HAN ESTUDIADO EN *SECRETO* UN LENGUAJE DE SIGNOS, PERO NADA MÁS.

PERO SÍ, ESTOY SEGURA DE QUE NO SON CELOS. Y YA SÉ QUE A TODO EL MUNDO LE GUSTAN LOS "13 CAMBIOS FANTÁSTICAMENTE MARAVILLOSOS QUE SE PRODUCIRÁN AHORA QUE LOS ANIMALES TAMBIÉN ESTÁN DESARROLLANDO SUPERPODERES Nº 2 ME HE FLIPADO Nº 7 ME HE PUESTO A *LLORAR* COMO CUANDO ERA PEQUEÑA"... PERO YO NO LO VEO CLARO. AQUÍ HAY ALGO RARO.

NO *SÉ* QUÉ ES LO QUE PRETENDERÁ ESA ARDILLA CHICA, NANCY...

...PERO AQUÍ HAY ALGO QUE NO ME HUELE *BIEN.*

AL CAER LA NOCHE, NOS IREMOS A OTRO LUGAR EN ESTA GRAN *METRÓPOLIS* Y VEREMOS QUE ARDILLA CHICA...

...UH...

¿...*IRRUMPE* EN LA CASA DE ALGUIEN?

SSSHHT

MIRAD, A MÍ NO ME MANDAN LOS GUIONES POR ANTICIPADO Y TENGO QUE *IMPROVISAR*, Y ESTO NO SALÍA EN EL GUIÓN, Y, ESTO...

CHOPPY CHOPPY CHOP

¿¿Y LE ESTÁ... ESTO... *SUSURRANDO* ESOS CONSEJOS AL OÍDO MIENTRAS DUERME, CON ESA VOZ ESPELUZNANTE??

-EJEM-

...ESTO... ¿QUIZÁS HA ENTRADO DE NOCHE A FIN DE DARLE *CONSEJOS* PARA SU PROPIA SEGURIDAD? ¡SÍ! ¡ESO ES LO QUE HA IDO A HACER!

MIENTRAS ARDILLA CHICA SUSURRABA HEROICAMENTE AL OÍDO DEL HOMBRE EN UN LENGUAJE QUE TAL VEZ EL *PROPIO* HOMBRE NO PUDIERA ENTENDER, ESTUVIMOS DE ACUERDO EN QUE TODO ERA DEMASIADO RARO Y QUE HABÍA QUE CORTAR.

TIENE QUE CORTAR, AUNQUE LLEVE ESE GORRITO TAN *MONO*. EL GORRITO DE ARDILLA CHICA ES LO MÁS MONO DEL MUNDO, PERO ESO NO SIGNIFICA QUE PUEDA PERMITIRSE CIERTAS LIBERTADES, ¿¿VALE??

¡SIGUE LEYENDO!

VALE, HE VUELTO, PERO SOLO PARA DECIROS QUE CHICO GATO ME PARECE UN NOMBRE TREMENDO Y QUE QUIERO NARRAR SU CÓMIC. Y TODOS TAN AMIGOS.

The Unbeatable Squirrel Girl #7 USA

Doreen Green no es una simple estudiante de primer año de Informática. ¡Tiene en secreto los poderes de una chica y de una ardilla! Y utiliza sus asombrosas habilidades para luchar contra el crimen y estar irresistible. La conoceréis como...
¡La Imbatible Chica Ardilla! Vamos a ver el resumen de lo que ha hecho hasta ahora...

la Chica Ardilla en dos palabras

¡Chica Ardilla! @imbatibleca
ANUNCIO DE INTERÉS PÚBLICO: Tendríais que ir al zoo y hablarles a todos los animales. ¡Id y hablad con todos los animales!

¡Chica Ardilla! @imbatibleca
¿¿Cómo vais a estar seguros de que NO PODÉIS hablar con los animales si no lo probáis con todos?? ¡Y allí tienen un montón!

¡Chica Ardilla! @imbatibleca
Sí claro soy consciente de que en los zoos hay elementos PROBLEMÁTICOS pero dónde si no vas a charlar con una pasada de lemures

¡Chica Ardilla! @imbatibleca
Si no es en Madagascar se entiende

> **Patitas** @ualalapatitas
> @imbatibleca CHIPPY CHOPPY CHIP CHOP

> **¡Chica Ardilla!** @imbatibleca
> @ualalapatitas chica no quería decir que los lemures sean una pasada de guays sino que son muchos! Los del zoo estaban medio dormidos

> **¡Chica Ardilla!** @imbatibleca
> @ualalapatitas montones de lemures medio dormidos en el zoo de tu ciudad tienes que ir hoy mismo

Nancy W. @coserconlacorriente
Yo estuve ayer en el zoo cuando los leones escaparon y la "Ardilla Chica" salvó a todo el mundo.

Nancy W. @coserconlacorriente
Si no lo entiendo mal es una ardilla con la fuerza proporcional INVERSA de una chica. Algo así, ¿no?

Nancy W. @coserconlacorriente
Eso es tema para la biología, ¿no?

Nancy W. @coserconlacorriente
El funcionamiento de los cuerpos.

Nancy W. @coserconlacorriente
Cierta mujer cuestiona públicamente que una ardilla pueda tener poderes de chica. Los veterinarios me odian.

Tony Stark @starkmantony ✓
@imbatibleca Me llegan noticias de que han estallado peleas por toda Nueva York. Me imagino que estarás en ello.

> **¡Chica Ardilla!** @imbatibleca
> @starkmantony eh sabes aquí son las 6.30 acabo de levantarme

> **Tony Stark** @starkmantony ✓
> @imbatibleca ¿Te ha despertado mi post? Tienes un tono de notificación especial para mí, ¿verdad?

> **¡Chica Ardilla!** @imbatibleca
> @starkmantony Esto, SÍ, es tu MELODÍA PERSONAL estilo años 60 que esperabas que todos hubiéramos olvidado está GENIAL

> **¡Chica Ardilla!** @imbatibleca
> @starkmantony ♫ Tooony Staaa-ark / es un ejecutivo formidable / con un enorme corazón / de acero inoxidable♫

> **Tony Stark** @starkmantony ✓
> @imbatibleca Eh, oye, un momento.

> **Tony Stark** @starkmantony ✓
> @imbatibleca Había utilizado el control remoto para borrar esa canción de tu móvil y de cualquier otro dispositivo conectado.

> **¡Chica Ardilla!** @imbatibleca
> @starkmantony ♫ Tooony Staaa-ark me ha hecho muy feliz porque se le ha olvidado que hay dispositivos no conectados vaya desliz! ♫

¡Chica Ardilla! @imbatibleca
Eh no sé si algún delincuente me sigue pero POR SI ACASO sabed que ahora CHICO CARPA y ARDILLA TIOCAÑÓN también combaten el delito!

¡Chica Ardilla! @imbatibleca
Vamos que si eres delincuente deja de delinquir #consejocontraeldelito

---

¡Búsqueda! 🔍

#basesdedatosbásico

#basesdedatosparaninguno

#notapeselsolamisamigos

#desayunoconritmo

#chicothor

Cameos Bostonianos

Guión: Ryan North
Dibujo: Erica Henderson
Color: Rico Renzi
Cubierta: Erica Henderson

ESTO... SÍ, QUERÍA DECIR QUE LA BASE DE DATOS SE PROTEGE A SÍ MISMA DE TODA **CORRUPCIÓN**. ASÍ, SI OCURRE ALGO MALO, SE PUEDEN RECUPERAR LOS DATOS.

QUÉ... LÁSTIMA. LE HA **SALIDO** BASTANTE BIEN. SIÉNTESE, POR FAVOR.

ES QUE NANCY Y YO NOS PREPARAMOS ANTES LA **MATERIA** PARA NO PERDERNOS DURANTE LAS CLASES.

DURABILIDAD: UNA VEZ REALIZADA LA OPERACIÓN, ESTA PERSISTIRÁ, CON LO QUE PODEMOS **CONOCER** EN CUALQUIER MOMENTO EL ESTADO DE LA BASE DE DATOS.

ESTE MODELO ES UNO DE LOS MÁS ANTIGUOS E **IMPORTANTES** EN BASES DE DATOS. SE LE SUELE LLAMAR "PRUEBA DEL ÁCIDO". EL DR. JIM GREY FUE EL PRIMERO EN DESCRIBIR ESTAS PROPIEDADES DURANTE LOS AÑOS 70.

Y DURANTE LAS DOS ÚLTIMAS **DÉCADAS** LOS HEMOS ESTADO MENOSPRECIANDO.

VOSOTROS, LOS **CHAVALES** DE HOY...

...SOLO TENÉIS EN CUENTA LA VELOCIDAD. LO ÚNICO QUE OS IMPORTA ES QUE VUESTRAS BASES DE DATOS SEAN **CAPACES** DE GESTIONAR TODO EL TRÁFICO ADQUIRIDO POR VUESTRAS PATÉTICAS EMPRESAS INCIPIENTES Y OS DA IGUAL SI SE PIERDEN DATOS POR EL CAMINO. ¿PERO A QUIÉN LE VA A IMPORTAR LA PURA BELLEZA DE LAS ESTRUCTURAS DE DATOS SI PODÉIS SUBIR VUESTRAS MEMES CON GATOS UN 5% MÁS RÁPIDO?

ME DAIS **ASCO**.

Y AL FINAL ME PREGUNTO POR QUÉ **PIERDO** EL TIEMPO CON VOSOTROS.

¡POBRES **IMBÉCILES** EGÓLATRAS DE LA GENERACIÓN DEL MILENIO!

OYE, ESTO NO ES EL ENTORNO **PEDAGÓGICO** ACOGEDOR QUE ME DIJERON.

¡QUE SÍ, QUE AHORA SABÉIS MUCHO SOBRE BASES DE DATOS! AHORA PODRÍAIS IR A FIESTAS DONDE NO OS CONOZCA NADIE Y HACEROS PASAR POR INGENIEROS DE BASES DE DATOS. DE HECHO... ¡SORPRESA! A PARTIR DE AHORA, SERÁ UNA ACTIVIDAD OBLIGATORIA PARA VOSOTROS.

Luego...

NUNCA HABÍA VISTO A TANTA GENTE TAN ENFADADA.

SEGÚN PARECE, ESTÁN ESTALLANDO PELEAS POR TODA LA CIUDAD.

EH, GENTE, CREO QUE YA SÉ POR QUÉ.

Ratatoskr

De la Wikipedia. Se nota, porque esto tiene pinta de artículo de la Wikipedia.

En la mitología nórdica, **Ratatosk** o Rata-töskr (en nórdico antiguo, generalmente se lo considera «diente perforador»[1] o «diente taladro»[2]) es una ardilla que corre de arriba abajo por el árbol del mundo Yggdrasil llevando mensajes entre el águila sin nombre, posada en la copa, y el dragón Níðhöggr, que reside bajo una de las tres ramas del árbol. Se da cuenta de Ratatosk en la Edda poética, compilada en el siglo XIII de fuentes tradicionales más tempranas, y en la Edda prosaica, escrita en el mismo siglo por Snorri Sturluson. Diversos eruditos han propuesto teorías sobre las implicaciones de la ardilla.

¿LO VES? ¡¡ES COMO TUS TARJETAS DE MASACRE, PERO ESCRITAS POR UN MONTÓN DE DESCONOCIDOS QUE NAVEGAN POR INTERNET!!

NO CREO QUE GANEMOS MUCHO CON ELLO.

PERO BUENO, TÍA, YA SÉ LO QUE ES LA WIKIPEDIA.

LA FRASE "ME LO CONTÓ UN ROEDORCITO" ME HA HECHO PENSAR EN ESA CRIATURA. ES UN GIRO ALGO EXTRAÑO, Y ADEMÁS, ¿ACASO TENEMOS NOTICIA DE ALGUNA EXTRAÑA ARDILLA PARLANTE QUE HAYA DEMOSTRADO PODERES CUASIDIVINOS EN TIEMPOS RECIENTES?

PODRÍAMOS LLAMARLO "SÚPER" "PODERES".

AY DIOS MÍO LA ARDILLA CHICA... ¡ES RATATOSKR!

BUENO, VALE, ¿¿PUEDO DECIR QUE ME RESULTA SUMAMENTE SATISFACTORIO QUE ALGUIEN QUE ME CAÍA MAL SIN SABER POR QUÉ HAYA SIDO EN SECRETO UNA CRIATURA MALIGNA DESDE EL PRINCIPIO??

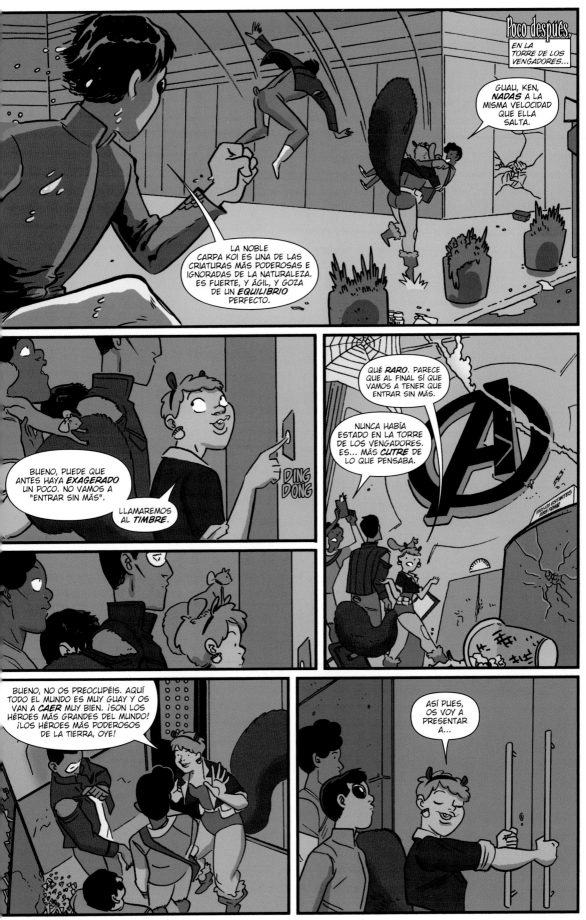

A VECES HABLO DE CASTAÑAS SIN LA MÁS MÍNIMA IRONÍA, ¿VALE? ES ALGO QUE SIMPLEMENTE OCURRE Y TODOS NOSOTROS TENDREMOS QUE VIVIR CON ELLO.

ADEMÁS, ESTABAN A PUNTO DE *PELEAR* ENTRE SÍ Y HABÍA QUE FRENARLOS.

¡NO CONVIENE QUE UNOS *SUPERHÉROES* ENLOQUECIDOS POR RATATOSKR SE PORTEN ASÍ!

CUANDO LOS *LIBEREMOS* DEL CONTROL DE RATATOSKR, SE DISCULPARÁN POR SU IMBECILIDAD, ME DISCULPARÉ POR HABERLOS NOQUEADO Y TODOS ELLOS DIRÁN: "LO QUE AFIRMAREMOS AHORA ES CIERTO Y ES UN HECHO OBJETIVO: NOS MERECÍAMOS LOS PUÑETAZOS."

Y TODOS TAN *AMIGOS*.

UH...

¡BIEN! EL CAPI TENÍA EL *NÚMERO* DE THOR EN EL TELÉFONO. PIENSA RÁPIDO, DOREEN. YA HE MARCADO.

¡¿QUÉ?! NO PUEDES...

¿HOLA?

ESTO... ¿THOR? OYE, SOY LA CHICA ARDILLA. ¿CÓMO TE VA? EL CAPI ME HA... EHH... *PRESTADO* SU MÓVIL.

TE LO DIRÉ SIN *TAPUJOS*, CHICA ARDILLA...

¡CÁLLATE!

¡CÁLLATE TÚ!

¡A POR *ÉL*!

¡¡NO, A POR ÉL!!

...LLAMAS EN *MAL* MOMENTO.

ESPERA, ESPERA: ¿AHÍ TAMBIÉN SE ESTÁ *PELEANDO* TODO EL MUNDO POR IDIOTECES?

¡COMENSALES! ¡DEJAD QUE CONTINÚE EL *GUATEQUE* DE CUANTOS AMAN LOS GOFRES DE ESE HOMBRE! ¡Y QUE LOS AMANTES DE LOS PANQUEQUES DE LA MUJER GOCEN POR IGUAL!

¡¡AMBOS PLATOS PUEDEN COEXISTIR EN EL MENÚ *MATUTINO*!!

SI ACASO PIENSAS QUE EL DEBATE ENTRE PANQUEQUES Y GOFRES ES UNA *IDIOTEZ*, PUES SÍ, ES ASÍ, EN VERDAD.

Y *ATIENDE* A MIS PALABRAS: CREO QUE ESO ES LO QUE PENSARÁS.

¡EH! ¡¡EH!!

¡UNOS Y OTROS DAN ASCO EN *COMPARACIÓN* CON MIS TORRIJAS!

LOS EVENTOS DE ESTE LUGAR RECLAMAN MI ATENCIÓN, CHICA ARDILLA. LUEGO TE *ENVIARÉ* UNA MISIVA DE TEXTO.

¡VALE! ¡YO SOLO QUERÍA *SABER* SI ME PODÍAS DECIR ALGO SOBRE UNA ARDILLA LLAMADA "RATATOSKR"!

¿*QUÉ* HAS DICHO?

¡RATATOSKR! ¿CREES QUE ESA ARDILLA QUE VA POR TODAS PARTES *LIÁNDOLO* TODO PODRÍA SER RATATOSKR? NO SÉ SI LO PRONUNCIO BIEN.

¿RAT-TAT-OSCAR? ¿RE-TAT-OS-CAR?

¿RATAT OSCAR?

POR *FRIGGA*...

RATATOSKR.

"HE OÍDO HABLAR DE LA BESTIA RATATOSKR, LAS LEYENDAS DE SUS *PRISIONES* EN LOS NUEVE REINOS, BAJO PODEROSAS FUERZAS ASGARDIANAS ASENTADAS DESDE LOS TIEMPOS DEL GRAN COMIENZO."

"EL PUEBLO WABANAKI LA CONOCÍA COMO MIKO. FALTÓ POCO PARA QUE LO DESTRUYERA TODO. TAN SOLO LA DETUVO LA INTERVENCIÓN *ASGARDIANA*: LA REDUJIMOS A LAS DIMENSIONES DE UNA ARDILLA Y LA PUSIMOS BAJO CUSTODIA. ESPERÁBAMOS QUE FUERA ASÍ POR TODA UNA ETERNIDAD."

"PERO NUESTROS *PODERES* YA NO SON LO QUE FUERON, Y SI HA ESCAPADO UNA VEZ MÁS..."

"SABE ESTO: SUS PALABRAS SON EL VERDADERO PELIGRO. TE PERSUADIRÁ DE CUANTO LE APETEZCA. AUN NOSOTROS, LOS *ASGARDIANOS*, HEMOS SIDO A VECES SUS VÍCTIMAS, Y HEMOS ESTADO A PUNTO DE DESGARRAR LA PROPIA ASGARD."

"NO HABLAMOS DE UNA MERA ARDILLA PARLANCHINA. ESCUCHA BIEN MI *ADVERTENCIA*: EL ARSENAL DE RATATOSKR INCLUYE CHARLATANERÍA DE GAMA DIVINA Y LA EMPLEA CON PRESTEZA."

"ESTAS BARRERAS SE DEBILITARON YA EN OTRO TIEMPO. HACE MUCHOS CIENTOS DE AÑOS, RATATOSKR ESCAPÓ A MIDGARD. SU *INFLUENCIA* ESTUVO A PUNTO DE ACABAR CON VUESTRO MUNDO."

"ENTRARÁ EN TUS PENSAMIENTOS Y TORNARÁ TU CONFIANZA EN INSEGURI~ DAD, Y LUEGO EN ODIO Y *ENVIDIA*. ES MÁS ENGAÑOSA QUE MI HERMANO LOKI Y DIRÁ LO QUE SEA PRECISO PARA LOGRAR UNA REACCIÓN."

TE DIGO AHORA QUE RATATOSKR ES EL MÁS PERFECTO DE LOS TROLLS, Y QUE SI LA HUMANIDAD PRESTARA OÍDOS A SUS PALABRAS *VILES*, AUNQUE FUERA BREVEMENTE, SERÍA VUESTRA RUINA. CUANTO MÁS TIEMPO PASE AQUÍ, MAYOR SERÁ SU INFLUJO.

Y TENDRÁS QUE DETENERLA TÚ *SOLA*.

UHHHH...

¿¿Y NO PODRÍAS *AYUDAR-NOS*??

¿LO VES, THOR? POR ESO TE INSISTO EN QUE CONTRIBUYAS A LA WIKIPEDIA. ESTO ES MUCHO MÁS ÚTIL QUE SU SUMARIO. ¡BUFF!

¡SI QUERÉIS CONTEMPLAR EL BESO, BUSCAD THOR #4 USA (THOR, DIOSA DEL TRUENO 48)! PERO QUEDÁIS ADVERTIDOS: SI LO HACÉIS, LOS DEMÁS NOS ENTERAREMOS DE QUE LEÉIS LOS COMICS TAN SOLO POR LAS ESCENAS DE BESOS. TODO EL MUNDO LO SABRÁ. HASTA VUESTROS PADRES SE VAN A ENTERAR.

BIEN HALLADOS, AMIGOS Y ALIADOS. EL ODINSON ME HA HABLADO DE *RATATOSKR*, Y SI LA MITAD DE LO QUE DICE ES CIERTO TENEMOS QUE MARCHARNOS A TODA PRISA A ASGARD.

UNA VEZ ALLÍ RESTAURA~ REMOS LAS BARRERAS QUE SUJETAN A *RATATOSKR*, AUNQUE TEMO QUE NI SIQUIERA LOS ESFUERZOS DE AMBOS SEAN SUFICIENTES PARA CONTENER A ESA BESTIA.

¿CÓMO ESTÁ EL *CAPITÁN AMÉRICA*?

YO...

ESTOOOO...

...*ACABO* DE NOQUEARLO.

ENTONCES LOS VENGADORES SE HAN CORROMPIDO, COMO ME TEMÍA. VENDRÁS CON NOSOTROS A *ASGARD*, PORQUE TIENES EXPERIENCIA EN LA LUCHA CON ESA BESTIA.

LO *SIENTO*, THORES...

...YO MIS~ MA NO PUEDO CREER QUE VAYA A *DECIRLO*, PERO...

...*NO* PUEDO IR.

HA QUERIDO DECIR QUE SÍ. HA QUERIDO DECIR: "SÍ, ESTAMOS ENTUSIASMADOS POR IR A ASGARD, EN VERDAD, Y NOS *SENTIMOS* HONRADOS EN ACEPTAR TAN GENTIL INVITACIÓN. GRACIAS."

NANCY, ¿QUÉ PASARÁ CUANDO *REPAREMOS* LA CELDA DE RATATOSKR?

NOSOTROS NOS QUEDAMOS AQUÍ, ¿VALE?, MANTENEMOS EN PIE LA CIVILIZACIÓN, VAMOS POR RATATOSKR / ARDILLA CHICA / COMO SE LLAME...

¡...Y NANCY SE *MARCHA* CON ELLOS, LES AYUDA A HACER REPARACIONES ALLÍ Y LES EXPLICA LOS DETALLES! SÍ.

VOY A IR A *AS~ GARD*.

MUY BIEN. UNA VEZ HAYAMOS *RESTAURADO* LAS PRISIONES ASGARDIANAS DE RATATOSKR, SERÁS TÚ QUIEN LA BUSQUE PARA NOSOTROS.

VOY A *IR A* ASGARD.

¡CHIP CHIP!

TENDREMOS QUE VOLVER IGUALMENTE A LA TIERRA, Y DETENERLA, Y *CONVENCERLA* DE QUE VUELVA ALLÍ.

¡SI NO ESTAMOS AQUÍ, LA SITUACIÓN *EMPEORARÁ* TODAVÍA MÁS, Y NO PUEDO IRME MIENTRAS LA TIERRA SE HACE PEDAZOS!

PODRÍAMOS *DIVIDIR~ NOS*.

¡SÍ, Y PATI IRÁ CON *ELLA* PARA GUARDARLE LAS ESPALDAS!

EH, ME LLAMO NANCY WHITEHEAD. SOY UNA GRAN FAN DE *THOR*.

PREGUNTA RÁPIDA: ¿HAY GATOS EN ASGARD? PORQUE MI *FANFIC* DEL GATO THOR PRESUPONE QUE...

KASHOOOM

¡AH, ME OLVIDABA DE ALGO! ¿HABÉIS VISTO EL PATO DE LA ÚLTIMA PÁGINA? SE LLAMA CHIP ZPATOSKY Y VA A VIVIR SUS PROPIAS AVENTURAS, QUE NOSOTROS, POR RAZONES DE BUEN GUSTO, NO PODEMOS CONTAR AQUÍ. ¡QUE TENGAS MUCHA SUERTE, CHIP ZPATOSKY!

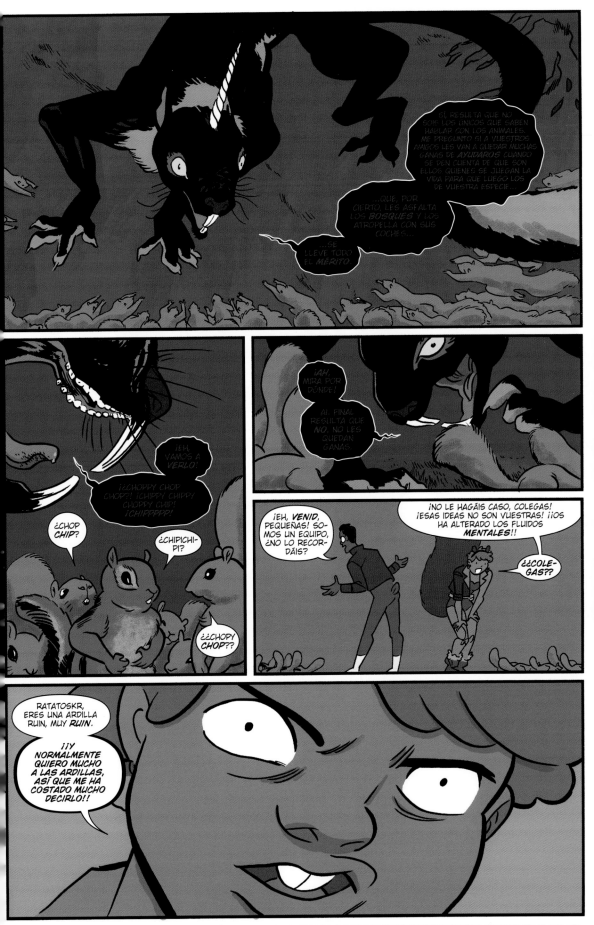

The Unbeatable Squirrel Girl #8 USA

la Chica Ardilla en dos palabras

¡Búsqueda! 🔍

- #asgard
- #gatsgard
- #furiaderatatoskr
- #desayunoalassiete
- #nosvemosenoctubre

Nancy W. @coserconlacorriente
Si no vuelvo, quiero que mi epitafio diga: "AQUÍ YACE NANCY WHITEHEAD. FUE A ASGARD Y MURIÓ, Y VALIÓ LA PENA"

Nancy W. @coserconlacorriente
Chico Carpa, Ardilla Tiocañón y @imbatibleca se quedaron en la Tierra y quiero estar segura de que se encargarán de ello.

¡Chica Ardilla! @imbatibleca
@coserconlacorriente tía no vas a MORIR en ASGARD!! has ido con una Thor actual Y uno antiguo guardándote las espaldas!! ANDA YA

Nancy W. @coserconlacorriente
@imbatibleca Ha sido una humildefanfarronería, CA. Un humildeepitafio.

¡Chica Ardilla! @imbatibleca
@coserconlacorriente solo tú fanfarroneas diciendo a tus seguidores lo que se tiene que escribir en tu LÁPIDA.

Nancy W. @coserconlacorriente
@imbatibleca #marcapersonal

Tony Stark @starkmantony ✓
@imbatibleca Eh, acabo de leer una noticia que dice que luchas contra "una monstruosa diosa ardilla de Asgard conocida como Ratatoskr".

Tony Stark @starkmantony ✓
@imbatibleca A decir verdad, cuando aún no te conocía el número de diosas ardilla malignas que rondaban por NY era exactamente cero.

¡Chica Ardilla! @imbatibleca
@starkmantony eh esa es muy graciosa porque antes de conocerte A TI había exactamente cero IRON MONGERS y MADAMES MÁSCARA rondando por NY!!

¡Chica Ardilla! @imbatibleca
@starkmantony ja ja vale los he sacado de una web con una lista de villanos que has derrotado pero son no sé unos zumbados

¡Chica Ardilla! @imbatibleca
@starkmantony peleaste con una GRAN RUEDA que se llamaba GRAN RUEDA inventada por un tal Jackson Wheele? Siendo que "rueda" en inglés es "wheel", es DELIRANTE

Tony Stark @starkmantony ✓
@imbatibleca Ahora no puedo charlar, te recuerdo que soy el consejero delegado de una corporación internacional. Encárgate de esa ardilla.

¡Chica Ardilla! @imbatibleca
@starkmantony claro que me encargo! Pregunta rápida antes de irme, una pregunta superrápida vale?

¡Chica Ardilla! @imbatibleca
@starkmantony cuando te dijo que iba a conquistar la tierra le dijiste que su radio de acción no daba para tanto y que tampoco lo veías centrado en su EJE?

¡Chica Ardilla! @imbatibleca
@starkmantony esto eh acabo de noquear a los Vengadores en pleno?? pero les controlaban el cerebro no pasa nada.

HULK @HULKYROMPY
@imbatibleca HULK NO ESTABA PERO HULK PENSAR SIEMPRE EN NOQUEAR A LOS VENGADORES

¡Chica Ardilla! @imbatibleca
@HULKYROMPY ¡¡ja ja bueno ellos se han metido con mis colegas! han sido MUY MALEDUCADOS!

HULK @HULKYROMPY
@imbatibleca HULK QUERER CREER QUE SIEMPRE HABER UNA OPORTUNIDAD PARA LA BUENA EDUCACIÓN

¡Chica Ardilla! @imbatibleca
@HULKYROMPY tío! me estás dejando alucinada!! no tenía idea de que pudieras pensar así!

¡Chica Ardilla! @imbatibleca
@HULKYROMPY hulk romper... mis prejuicios contra los monstruos gigantes verdes y furiosos!!

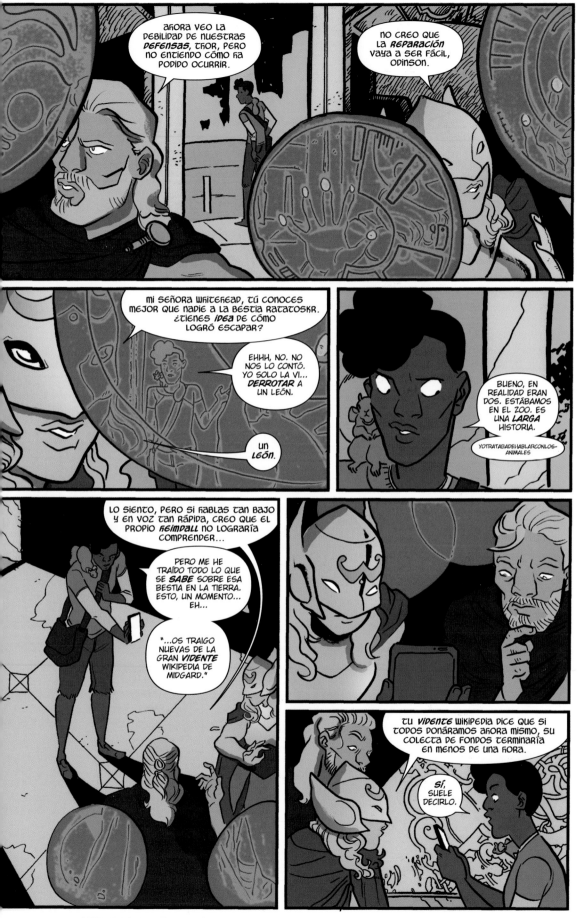

AHORA VEO LA DEBILIDAD DE NUESTRAS *DEFENSAS*, THOR, PERO NO ENTIENDO CÓMO HA PODIDO OCURRIR.

NO CREO QUE LA *REPARACIÓN* VAYA A SER FÁCIL, ODINSON.

MI SEÑORA WHITEHEAD, TÚ CONOCES MEJOR QUE NADIE A LA BESTIA RATATOSKR. ¿TIENES *IDEA* DE CÓMO LOGRÓ ESCAPAR?

EHHH, NO. NO NOS LO CONTÓ. YO SOLO LA VI... *DERROTAR* A UN LEÓN.

UN *LEÓN*.

BUENO, EN REALIDAD ERAN DOS. ESTÁBAMOS EN EL ZOO. ES UNA *LARGA* HISTORIA.

YOTRATABADEHABLARCONLOSANIMALES

LO SIENTO, PERO SI HABLAS TAN BAJO Y EN VOZ TAN RÁPIDA, CREO QUE EL PROPIO *HEIMDALL* NO LOGRARÍA COMPRENDER...

PERO ME HE TRAÍDO TODO LO QUE SE *SABE* SOBRE ESA BESTIA EN LA TIERRA. ESTO, UN MOMENTO... EH...

"...OS TRAIGO NUEVAS DE LA GRAN *VIDENTE* WIKIPEDIA DE MIDGARD."

TU *VIDENTE* WIKIPEDIA DICE QUE SI TODOS DONÁRAMOS AHORA MISMO, SU COLECTA DE FONDOS TERMINARÍA EN MENOS DE UNA HORA.

SÍ, SUELE DECIRLO.

¡DEBO DECIR QUE TU VIDENTE WIKIPEDIA PARECE ESTAR MUY AL TANTO DE MATERIAS FRANCAMENTE COMPROMETEDORAS!

GRACIAS, MI SEÑORA WHITEHEAD. ESTA *INFORMACIÓN* PODRÍA TENER UN VALOR INAPRE~CIABLE.

¡AH!

¡DE *NADA*!

Y, SIN EMBARGO, LA PREGUNTA SIGUE EN PIE: ¿CÓMO *LOGRÓ* ESCAPAR RATATOSKR?

EL PADRE DE TODOS, ODÍN, FORJÓ SU CÁRCEL CON EL PODER DEL PROPIO *YGGDRASIL.*

LA ÚNICA VÍA DE SALIDA PASA POR LA MANIPULACIÓN ASGARDIANA, PERO NO SE ME OCURRE NINGÚN ASGARDIANO QUE PUDIERA ACTUAR CON TAL *TEMERIDAD.*

≈EJEM≈

SÍ, PODRÍIIIA HABER SIDO *YO.*

LO *SIENTO,* ¿VALE?

¡¿QUÉ PASA?!

¡HE *DICHO* "LO SIENTO"!

POR SI OS INTERESA SABERLO, ESTOS ENCUENTROS ENTRE NANCY, LOS THORES Y LOKI TIENEN LUGAR HACIA LAS SIETE DE LA MAÑANA, HORA DE ASGARD. ¡EN EFECTO! HABÍAN BAJADO A DESAYUNAR.

¡TOMA ESTA!

¡Y ESTA!

¡Y ESTA!

¡SE ACABÓ! SE ACABÓ.

¡MUY BIEN! ¡POR FIN!

¡¡¡EH!!!

¡AJJ!

BUUF... NOS HA LLEVADO UN BUEN RATO, PERO ME ALEGRO DE QUE POR FIN ENTRES EN RAZÓN, RATATOSKR. ¡BUENO! ¡AHORA RETIRA TU CONTROL MENTAL SOBRE LOS BUENOS CIUDADANOS DE NUEVA YORK Y NOS MARCHAREMOS!

...Y A PARTIR DE AHORA OS PEGARÉIS ENTRE VOSOTROS.

ESTO... ¿SUPONGO QUE TU COMPAÑÍA DE SEGUROS VA A PAGAR POR TODOS LOS DAÑOS?

NO, NO LO HAS ENTENDIDO BIEN. QUERÍA DECIR QUE "SE ACABÓ ESTO". SE ACABÓ QUE LOS TRES ME PEGUÉIS...

¡DE REPENTE, ME APETECE PEGARTE, CHICA ARDILLA!

¡DE REPENTE, A MÍ TAMBIÉN ME APETECE PEGARLE!

A MÍ NO ME PREOCUPA QUE SEA DEMASIADO PRONTO PARA DECIR: "TE QUIERO". LO QUE SÍ ME PREGUNTA ES QUE SEA DEMASIADO PRONTO PARA DECIR: "ME CAES MUY MUY BIEN Y ME ALEGRO MUCHO DE QUE SEAS AMIGO MÍO. ¿QUÉ TE PARECE SI TE DEJAS CAER Y PEDIMOS UNA PIZZA?"

¡¡LA CHICA ARDILLA TAMBIÉN TIENE IDEAS MUY PECULIARES SOBRE LA PROPIEDAD PRIVADA, CAPULLOS!!

¡Y ADEMÁS NO HE CONSEGUIDO HACERME UNA ESPADA Y UN ESCUDO CON LAS REDES, NI UN AUTOMÓVIL QUE FUNCIONE! ¡QUÉ DESPERDICIO.

YA SE SABE QUE LOS HERMANOS ESTÁN SIEMPRE IGUAL. SE PICAN EL UNO AL OTRO, SE IMITAN CON CARAS DE ANIMAL...

A TODAS LAS PERSONAS CON AURICULARES BLUETOOTH: LO SENTIMOS, PERO ACABAMOS DE LOGRAR QUE OS SALGAN DISPARADOS DE LOS OÍDOS. IGUAL QUE EN OTROS TIEMPOS SALÍAN DISPARADOS LOS MONÓCULOS.

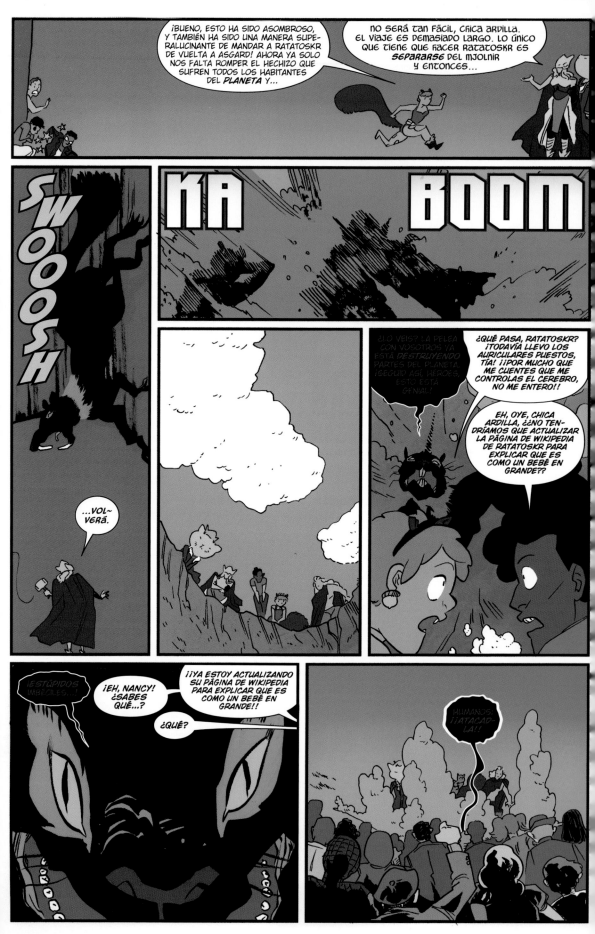

¿SEGURO QUE ES LA PRIMERA VEZ QUE ALGUIEN HA PRACTICADO VANDALISMO EN WIKIPEDIA EN MEDIO DE UNA PELEA DE SUPERHÉROES? ¿Y SI LO CONSULTÁRAMOS EN WIKIPEDIA?

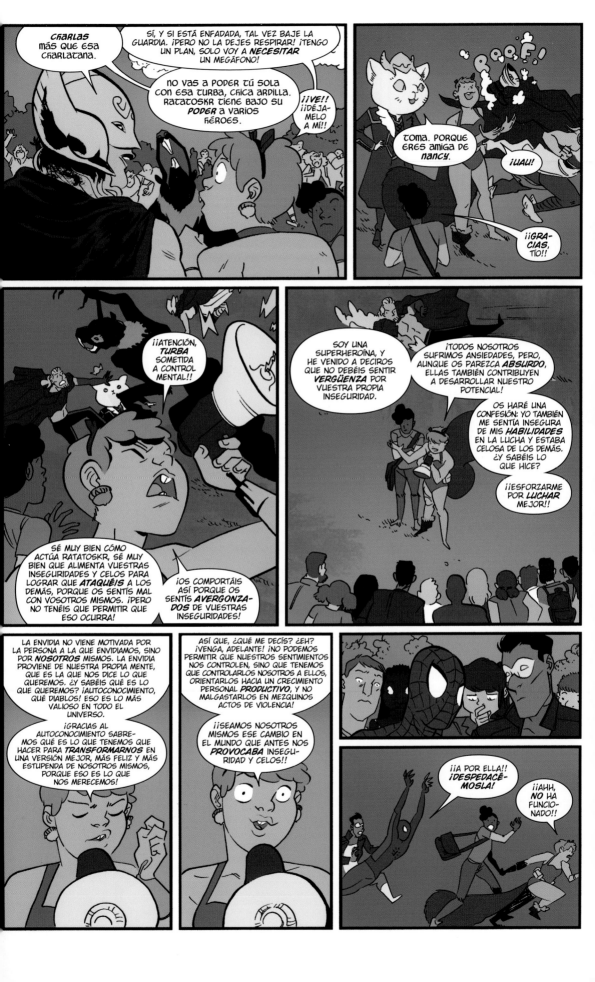

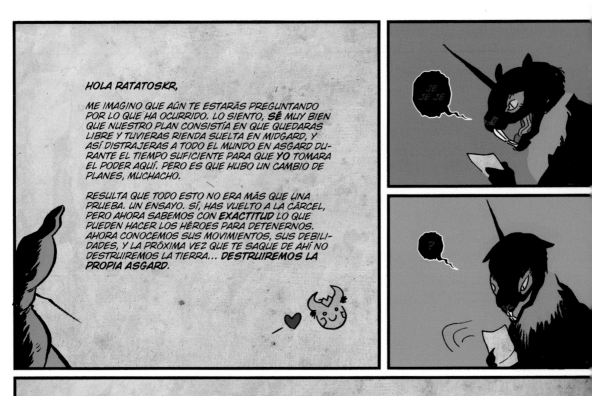

HOLA RATATOSKR,

ME IMAGINO QUE AÚN TE ESTARÁS PREGUNTANDO POR LO QUE HA OCURRIDO. LO SIENTO, SÉ MUY BIEN QUE NUESTRO PLAN CONSISTÍA EN QUE QUEDARAS LIBRE Y TUVIERAS RIENDA SUELTA EN MIDGARD, Y ASÍ DISTRAJERAS A TODO EL MUNDO EN ASGARD DURANTE EL TIEMPO SUFICIENTE PARA QUE YO TOMARA EL PODER AQUÍ. PERO ES QUE HUBO UN CAMBIO DE PLANES, MUCHACHO.

RESULTA QUE TODO ESTO NO ERA MÁS QUE UNA PRUEBA. UN ENSAYO. SÍ, HAS VUELTO A LA CÁRCEL, PERO AHORA SABEMOS CON EXACTITUD LO QUE PUEDEN HACER LOS HÉROES PARA DETENERNOS. AHORA CONOCEMOS SUS MOVIMIENTOS, SUS DEBILIDADES, Y LA PRÓXIMA VEZ QUE TE SAQUE DE AHÍ NO DESTRUIREMOS LA TIERRA... DESTRUIREMOS LA PROPIA ASGARD.

P. D. NO, SI TE LO DECÍA EN BROMA. SÉ MUY BIEN QUE ESTA CARTA ES LO QUE ESPERABAS LEER, PERO TE DIRÉ LA VERDAD, ME ESTOY ESFORZANDO POR MEJORAR COMO PERSONA, Y PARA ELLO TENGO QUE EVITAR ASOCIARME CON EL TIPO DE GENTE QUE ME INDUCIRÍA A REGRESAR A MIS ANTIGUOS HÁBITOS. HOY HE SALVADO UNO DE LOS DIEZ REINOS, RATATOSKR. BUENO, YA SÉ QUE LO HE SALVADO DE NUESTRO PROPIO PLAN... PERO DE TODOS MODOS LO HE SALVADO. ¿SABES QUÉ ES LO MEJOR DE DISFRAZARSE DE GATO THOR?

QUE UNO LLEGA A SENTIRSE COMO UN GATO THOR.

CREO QUE TRATARÉ DE CONSERVAR DURANTE UN TIEMPO ESE SENTIMIENTO.

P. D. 2 TE MANDO UN REGALO. YA SÉ QUE NO OS CAÉIS BIEN, PERO DE TODOS MODOS HE PENSADO QUE TE CONVENDRÍA LA COMPAÑÍA.

P. D. 3 ¡SI TIRAS DEL CORDEL, HABLARÁ!

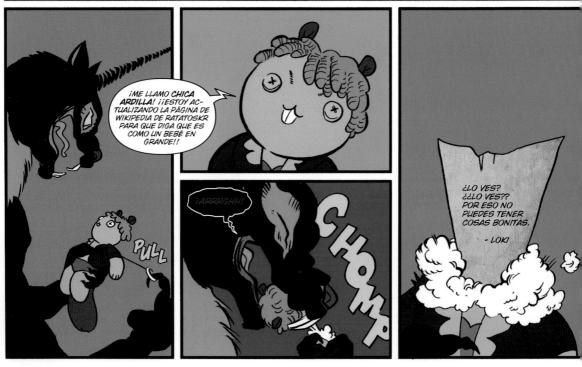

¡DEBO DECIR QUE TU VIDENTE WIKIPEDIA PARECE ESTAR MUY AL TANTO DE MATERIAS FRANCAMENTE COMPROMETEDORAS!

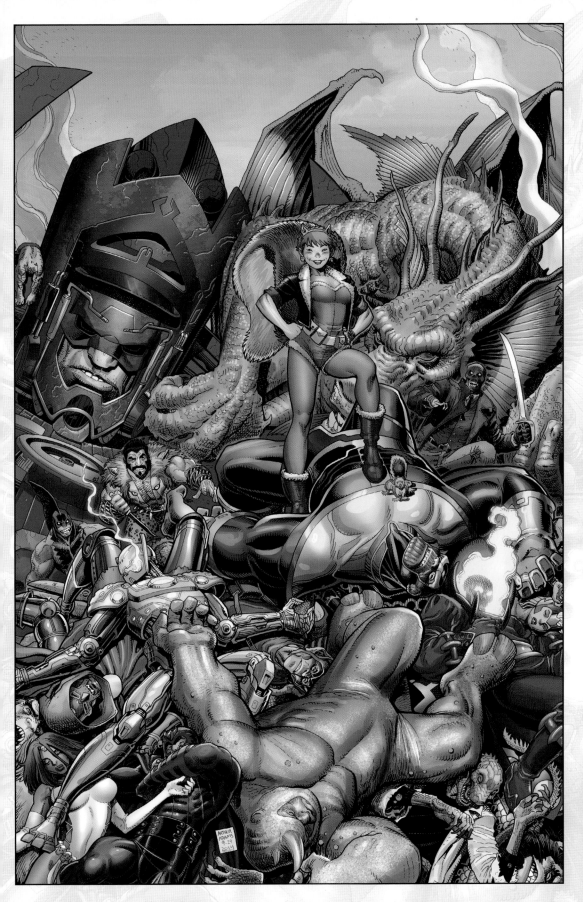

The Unbeatable Squirrel Girl #1 USA – Cubierta alternativa de **Arthur Adams** y **Paul Mounts**

The Unbeatable Squirrel Girl #1 USA – Cubierta alternativa de **Siya Oum**

The Unbeatable Squirrel Girl #1 USA – Cubierta alternativa de **Skottie Young**

The Unbeatable Squirrel Girl #2 USA – Cubierta alternativa de **Joe Quinones**

The Unbeatable Squirrel Girl #3 USA – Cubierta alternativa de **Jill Thompson**

The Unbeatable Squirrel Girl #3 USA – Cubierta alternativa de **Gurihiru**